AI 시대 퍼블릭 스피킹

인공지능총서

인공지능 시대입니다. 기계가 인간의 인지를 대신하고, 사물이 인간을 통하지 않고 다른 사물과 직접 커뮤니케이션합니다. 이에 따른 인간 삶과 문명 변화를 정확히 이해·예측·대응하는 것은 이 시대 우리 모두의 과제입니다. 인공지능총서는 인공지능 기술과 환경의 여러 주제를 10가지 키워드로 정리합니다. 관련 개념과 이론, 학계와 산업계의 쟁점, 우리 일상의 변화를 다룹니다. 인간과 기술의 현재, 미래를 세심히 분석합니다.

일러두기

- 인명, 작품명, 저서명, 개념어 등은 한글과 함께 괄호 안에 해당 국가의 원어를 병기했습니다.
- 외래어 표기는 현행 어문규정의 외래어표기법을 따랐습니다.

처음이세요?

전문가세요?

AI 시대 퍼블릭 스피킹

우상수

대한민국, 서울, 커뮤니케이션북스, 2025

AI 시대 퍼블릭 스피킹

지은이 우상수
펴낸이 박영률

초판 1쇄 펴낸날 2025년 5월 22일

커뮤니케이션북스(주)
출판 등록 2007년 8월 17일 제313-2007-000166호
02880 서울시 성북구 성북로 5-11
전화(02) 7474 001, 팩스(02) 736 5047
commbooks@commbooks.com
www.commbooks.com

ISBN 979-11-7307-993-1 03500

책값은 뒤표지에 표시되어 있습니다.

차례

새로운 시대, 새로운 말하기

끊임없이 경계를 허물며 변혁을 이끄는 시대를 지나고 있다. 생성형 인공지능(AI)의 발전은 단순히 산업적 혁신에 그치지 않고, 결국 인간의 언어와 의사소통이라는 본질적인 영역에까지 침투해 들어왔다. 이러한 혁신적 기술의 여파는 글쓰기 영역은 물론이고 퍼블릭 스피킹(public speaking, 공적 말하기)으로 일컬어지는 말하기 영역마저 이전과는 전혀 다른 접근 방식을 요구하며 새롭고 중대한 변화의 물결 속에 휩싸이게 했다. 생성형 AI라는 새로운 기술과의 첫 대면에서 가졌던 낯섦과 어색함도 잠시, 곧이어 찾아든 놀라움과 두려움 그리고 설렘 같은 여러 감정적 변화의 터널을 지나, 결국 필자는 이 새로운 기술이 공적 말하기 영역에서 우리의 결과적 능력을 크게 업그레이드해 줄 수 있다는 확신으로 AI 시대 퍼블릭 스피킹의 담론을 모색하게 되었다.

오랜 기간 대학 강단에서 퍼블릭 스피킹을 강의해 온 교수자이자 한국적 퍼블릭 스피킹 이론 정립을 위해 깊이 고민해 온 연구자의 한사람으로서, 필자는 지금까지 경험하지 못했던 새로운 기술의 시대에 퍼블릭 스피킹 분야 역시 새로운 옷을 입어야 하는 대전환의 시기를 맞고 있다고 믿는다. 인공지능 기술의 현재 결과물들을 실제로 접하면서 그동안 경험적으로 필자에게 자리 잡고 있었던 일종의 고정관념, 즉 인류 기술은 상당한 시간을 두고 단계적 · 점진적으로 발전해 왔고 또 앞으로도 그렇게 발전해 나아갈 것이라고 믿고 있었던 생각이 생성형 AI와의 대면으로 한순간에 무너져 버렸음을 먼저 고백한다. 필자로서는 도무지 한계를 가늠할 수 없는 AI의 정보 수집 능력, 생성 및 추론 능력, 정리 및 확장 능력을 접한 후, 입을 다물지 못한 채 두 손을 들지 않을 수 없었기 때문이다.

퍼블릭 스피킹이란 무엇인가

퍼블릭 스피킹은 개인이 다수의 청중 앞에서 입말을 통해 자신의 생각, 지식, 의견 등을 제공하는 행위다. 이는 단순한 정보의 전달을 넘어, 청중의 공감과 행동을 이끌어 내는 설득의 행위이기도 하다. 고대 그리스의 수사학(rhetoric)에서부터 현대 커뮤니케이션 이론에 이르기까지 퍼블릭 스피킹은 사회적 리더십과 영향력을 발휘하는 핵심 수단으로 자리 잡아 왔다. 아리스토텔레스는 효과적인 연설을 위해 에토스(ethos), 로고스(logos), 파토스(pathos)라는 세 가지 요소를 강조하며, 청중의 신뢰를 얻고 감성을 자극하며 논리적으로 설득하는 기술의 중요성을 역설했다(Wheeler, 2018).

현대 사회에서도 이러한 원칙은 여전히 유효하다. 설득력 있는 퍼블릭 스피킹은 청중의 관심을 끌고, 공감을 끌어내며, 나아가 행동의 변화를 촉구할 수 있다. 오늘날 비즈니스 프레젠테이션에서는 명확한 메시지 전달과 함께 청중의 공감을 얻는 것이 성공의 핵심이며, 정치 연설에서는 대중의 신뢰와 지지를 확보하는 것이 필수적이다. 또한, 학술 발표와 같은 전문 분야에서는 청중에게 새로운 지식을 효과적으로 전달하고 논리적 사고를 자극하는 것이 중요하다.

설득 연구의 선구자라고 할 수 있는 호블랜드(Carl I. Hovland)가 제시한 태도 변화 이론(attitude change theory)에서 보듯이, 설득 과정에서 발신자의 신뢰도와 메시지의 논리성은 청중의 태도 변화에 중요한 영향을 미친다. 퍼블릭 스피킹에서 연설자가 자신의 전문성과 진정성을 어떻게 표현하는지가 청중의 반응에 결정적이라는 점을 말해 준다(Hovland et al., 1953). 따라서 퍼블릭 스피킹은 단순한 정보 전달을 넘어 청중과의 심리적 · 정서적 연결을 통해 영향력을 행사하는 복합적 행위라 할 수 있다(Lencioni, 2002). 이와 같은 맥락에서 필자는 퍼블릭 스피킹을 나름으로 다음과 같이 정의한다. 퍼블릭 스피킹은 '말이라는 연사의 그물로 세계를 길어 올려 청중과 공유하는 공적 언어 행위'다.

퍼블릭 스피킹과 AI

퍼블릭 스피킹은 수천 년간 사람과 사람을 잇는 일종의 가교였다. 고대 그리스의 수사학에서부터 현대 정치 연설에 이르기까지, 설득력 있는 말하기는 지도자와 청중 사이의 관계를 다지고 사회적 변화를 이끌어 온 중요한 요소였다. 그러나 이를 가르치고 배우는 과정은 교육자와 피교육자 모두에게 언제나 어렵고 고독한 일이었다. 퍼블릭 스피킹을 준비하고 연습하는 과정은 막대한 시간과 노력이 요구된다. 생각을 구조화하고 말의 논리성을 확보하는 것은 물론, 청중을 이해하고 그들의 마음을 움직이는 것, 이 모든 과정에서 수많은 연습과 반복적 학습이 필요하다. 게다가 타고난 언어 감각이나 표현력의 차이도 무시할 수 없는 까닭에 퍼블릭 스피킹을 학습하는 일이 때로는 넘을 수 없는 벽처럼 느껴지기도 한다.

AI의 등장으로 우리는 이러한 어려움을 완화하고 새

로운 가능성을 열 수 있는 도구를 얻었다고 생각한다. 예를 들어, AI는 연설 준비 과정에서 원고 초안을 작성하고 주제를 구조화하며, 청중의 기대를 예측하는 강력한 보조자 역할을 한다. 이러한 기술은 단순히 기술적 편의를 제공하는 것을 넘어, 퍼블릭 스피킹에 대한 진입 장벽을 낮추고 누구나 자신의 목소리를 당당히 내도록 돕는 데 기여할 것이다.

또한 AI는 우리의 말하기 방식뿐만 아니라 우리의 듣기 방식도 변화시키고 있다. 청중의 반응을 실시간으로 분석하고 실시간 피드백을 제공하는 기술은 과거에는 상상조차 할 수 없었던 새로운 방식으로써 연설자의 메시지를 강화하는 데에 효율적인 도움을 안겨 줄 것이다. 이는 보다 효과적이고 즉각적인 커뮤니케이션을 가능하게 하며, 연설자가 청중과의 '소통'을 넘어 '공감'을 끌어내는 능력을 키우는 데 기여할 것이다(Reilly, 2021). 과거에는 직관과 경험에만 의존해야 했던 영역이 이제 과학적 데이터와 AI의 분석을 통해 더욱 정확하고 설득력 있게 다듬어질 수 있게 된 것이다.

퍼블릭 스피킹에서 가장 첫 번째 도전은 '무엇을 말할 것인가'를 결정하는 일이다. AI는 자연어 처리(Natural Language Processing, NLP) 기술을 활용해 연사의 주제에 맞는 원고 초안을 작성하고, 관련 키워드를 제안함으로써 이 과정을 돕는다. 현재 출시된 여러 AI 모델은 간단한 요청만으로 논리적이고 설득력 있는 연설문을 작성해 준다(OpenAI, 2020). 한 비즈니스 리더가 AI를 활용해 '지속 가능성'이라는 주제로 연설문을 준비했다고 가정해 보자. AI는 연설문에 최신 데이터와 트렌드를 반영하고, 청중의 관심사와 연관된 사례를 제공해 연사의 메시지를 더욱 풍부하게 만들어 줄 것이다.

AI는 청중 분석에도 강력한 도구로 활용된다. 소셜 리스닝 기술과 데이터 분석을 통해 청중의 성향, 관심사, 그리고 문화적 배경을 파악할 수 있다. 예를 들어, TED 강연자가 전 세계 다양한 문화적 배경을 가진 청중을 대상으로 발표를 준비한다면, AI는 각 지역 청중의 특성 및 기대치를 분석해 연설자가 메시지를 세밀하게 조정할 수 있는 정보를 제공해 줄 것이다.

AI의 단계별 활용 예시

퍼블릭 스피킹은 크게 세 가지 단계로 나누어 말할 수 있다. 즉, 준비 단계, 실행 단계, 피드백 단계가 그것이다. 여기서는 AI를 활용한 단계별 실전과 관련한 구체적인 예시로 '자기소개 스피치'를 다루어 보기로 한다(OpenAI,

2020). 이를 통해 과연 AI가 어떠한 방식으로 퍼블릭 스피킹에 기여할 수 있는지를 구체적으로 제시하기로 한다.

준비 단계

'자기소개 스피치'를 처음 준비하는 과정에서 누구나 한 번쯤은 '무엇으로 나를 소개하지?'라는 문제에 봉착하게 된다. 결국 자기소개 스피치 준비는 원초적인 존재론적 질문인 '나는 누구인가?'를 규정해 가는 과정일 수밖에 없다. 따라서 처음엔 어떤 단서로부터 시작할 것인지에 대해서 대체로 막막한 상황으로부터 출발하게 된다. 이때 브레인스토밍 방식으로 자신에 대해 파악해 가는 과정에서 AI를 활용할 수 있다. 스피치 준비자가 '나는 누구인가?'를 스스로 규정하는 과정을 설명하고, 가장 중요한 자신의 핵심적 특성을 파악하고 정리하도록 안내하는 일은 어쩌면 교수자의 교수법 범주에 속한다고도 볼 수 있다. 바로 이 교수자의 역할을 AI가 대신해 줄 수 있다. 스피치 준비자는 AI의 도움으로 방법론적 막연함에서 벗어나 자신을 규정하는 데 필요한 아이디어를 얻고 다양한 관점에서 질문을 던지면서 자신의 정체성과 가치관 그리고 경험을 스스로 탐구할 수 있을 것이다. 실제 AI의 현재 성능만으로도 대학 강의실에서 이루어지는 내용보다 더 구체적이고 체계적인 도움을 받을 수 있을 것으로 기대한다. 자기소개 스피치의 첫 준비 단계에서 AI의 도움을 받는다면, 발표자로 하여금 AI 이전 시대의 스피치 준비 단계와는 비교할 수 없을 정도로 넓고 깊은 내용을 도출해 내는 결과로 이어질 수 있다고 확신한다. 다음은 스피치 준비 단계에서 AI가 브레인스토밍을 돕는 예시 질문들이다.

1) 과거 경험 탐구

• 나의 성장 과정에서 가장 큰 영향을 준 사건은 무엇인가?

• 내가 이룬 가장 큰 성취는 무엇이며, 그것이 나에게 어떤 의미를 주었나?

• 실패했던 경험 중에서 배운 가장 큰 교훈은 무엇인가?

2) 성격과 특성 분석

• 나의 주요 성격적 특성은 무엇인가? 예를 들어 나는 외향적인가 내향적인가?

• 나를 가장 잘 나타내는 세 가지 형용사는 무엇일까?

• 다른 사람들이 나를 어떻게 평가하는지, 그 평가에 내가 동의하는 부분은 무엇인가?

3) 가치관과 철학

• 내가 가장 중요하게 여기는 가치는 무엇인가? 그것은 내 삶에서 어떻게 표현되고 있나?

• 나는 어떤 철학이나 원칙을 따라 살아가는가?

• 내가 사회에 기여하고 싶은 방향성은 무엇인가?

4) 미래 비전과 목표

• 내가 앞으로 5년, 10년 후 어떤 모습이길 원하는가?

• 내 삶의 궁극적인 목표는 무엇인가? 그것이 왜 나에게 중요한가?

• 나의 현재 목표는 무엇이며, 그 목표를 달성하기 위해 어떤 노력을 하고 있는가?

5) 관계와 소속감

• 나는 어떤 관계에서 가장 큰 성장을 경험했나?

• 나는 어떤 사회적 역할을 가장 소중하게 여기는가? (예: 가족, 직장, 친구 등에서의 역할)

• 내가 속한 집단이나 커뮤니티에서 어떤 위치를 차지하고 있나?

6) 강점과 약점 파악

- 내 강점은 무엇이고, 그것을 어떻게 활용하고 있나?
- 내 약점은 무엇이며, 이를 개선하기 위한 노력은 하고 있는가?

이와 같은 질문들을 통해 스스로에 대한 성찰을 할 수 있고, 생성형 AI는 보다 구체적인 질문으로 나아가 생각의 깊이를 더하거나 아이디어를 발전시키는 데 도움을 줄 수 있다. AI가 다양한 사례나 생각을 제시해 줄 수 있기 때문에, 자신의 생각을 확장하거나 정리하는 데 유용하게 사용할 수 있을 것이다. 이와 같은 과정을 통해 자기소개 스피치 준비자는 시작점에서의 막연함에서 벗어나서 AI와의 상호 작용으로부터 얻어 낸 내용을 토대로 자기소개 스피치를 더 구체적이고 흥미롭게 구성할 수 있다고 본다.

'주관성의 객관화'를 위한 AI의 활용

필자의 오랜 교육 현장 경험에 비추어 볼 때, 스피치의 실습이 가져다주는 여러 가지 교육적 효과 중에서도 특히 자기소개 스피치를 통해서 습득할 수 있는 핵심적인 이슈를 한마디로 정리하자면 '주관성의 객관화'라고 말할 수 있겠다. 자기소개 스피치를 통한 주관성의 객관화를 익히는 과정은 필자가 스피치의 개념 정립 차원에서 교육적으로 가장 심혈을 기울이는 부분이기도 하다. 자기소개 스피치는 발표자의 주관적인 경험과 생각을 중심으로 구성되지만, 청중의 마음을 움직이기 위해서는 자신의 주관성을 객관화하는 과정이 필수적이다(Cialdini, 2001). 과연 이와 같은 세부적인 과제에서도 AI의 도움을 받을 수 있을까? 물론이다. 자기소개 스피치 준비 단계에서 AI를 활용해 주관성의 객관화라는 과제에 대한 도움을 받을 수 있다.

자기 경험의 구체적 묘사

우선 처음 할 일은 자신의 경험을 가능한 구체적으로 AI에게 설명하는 것이다. 경험이 명확하고 구체적일수록 AI는 그 경험을 분석하고 보편적인 감정이나 사실로 연결하는 데 도움을 준다. 예를 들어, "저는 대학 진학에서 두 번의 실패를 겪은 경험을 통해 포기하지 않는 마음가짐을 배웠습니다"라는 문장을 AI에 입력한 후, AI에게 이 경험이 어떻게 청중에게 공감될 수 있는지를 질문한다.

질문 예시:

"이 경험을 통해 많은 사람들이 공감할 수 있는 메시지를 어떻게 만들 수 있을까?"

"이 경험과 관련된 보편적인 감정을 찾는 데 도움을 줄 수 있어?"

보편적 감정과 연결

AI에게 자신의 경험이 청중에게 공감될 수 있는 보편적인 감정이나 이슈로 확장할 방법을 묻는다. AI의 도움을 받아 다양한 예시와 패턴을 통해 자신만의 주관적인 경험을 보다 많은 사람들이 이해할 수 있는 보편적인 형태로 변환시킬 수 있다.

질문 예시:

"내가 겪은 실패에서 청중이 공감할 수 있는 감정은 무엇일까?"

"이 경험이 더 보편적으로 느껴지도록 도와줄 수 있어?"

객관적 데이터와 사례 활용

주관적인 경험을 객관화하려면 구체적인 데이터나 통계를 통해 신뢰성을 높이는 것이 중요하다. AI에게 관련된 객관적 데이터나 연구 결과를 요청할 수도 있다.

질문 예시:

"내 경험을 뒷받침할 만한 데이터나 연구가 있을까?"

"팀워크의 중요성에 대한 통계나 연구 결과를 찾아 줄 수 있어?"

메타포와 스토리텔링 활용

AI는 주관적인 경험을 더 구체적이고 쉽게 이해할 수 있는 비유나 메타포로 바꾸어 줄 수도 있다. 이를 통해 청중이 발표자의 경험을 시각적으로 상상하고 더 쉽게 받아들일 수 있게 된다.

질문 예시:

"내 경험을 설명할 수 있는 좋은 메타포가 있을까?"

"이 경험을 스토리로 풀어낼 방법을 제안해 줄 수 있어?"

피드백과 수정 보완

AI를 통해 작성한 스피치 초안을 검토하고 피드백을 받을 수도 있다. AI에게 주관적인 부분을 객관화하는 데 부족한 점이나 청중의 공감을 얻기 어려운 부분을 지적해 달라고 요청할 수 있다.

질문 예시:
"이 스피치에서 더 객관화가 필요한 부분은 어디일까?"
"이 부분을 더 많은 사람들이 공감할 수 있도록 수정해 줄 수 있을까?"

청중 분석을 통한 맞춤형 조언

AI를 활용해 청중의 성향과 배경을 분석한 후, 그들이 관심을 가질 만한 주제나 접근 방식을 적용할 수 있다. 이는 주관적인 경험을 청중의 관심사에 맞추어 객관화할 수 있다는 것을 의미한다.

질문 예시:
"청중이 주로 어떤 배경을 가지고 있다면, 내 경험 중 어떤 부분을 강조해야 할까?"
"청중이 더 공감할 수 있도록 스피치를 어떻게 수정해야 할까?"

이와 같이 자기소개 스피치를 앞둔 준비 단계에서 AI는 상당한 도움을 제공해 줄 수 있다. 즉, 자신의 경험을 AI에게 구체적으로 설명해 공감 요소를 찾게 하고, 자신의 주관적 경험을 보편적 감정과 연결할 수 있는 방법을

AI에게 물을 수도 있다. 또한 자신의 경험을 뒷받침할 객관적 데이터나 통계를 AI에게 요청할 수도 있고, AI가 제시하는 메타포와 스토리텔링 기법을 통해 자신의 경험을 쉽게 전달하는 방법을 배울 수 있으며, 스피치 초안에 대한 피드백을 받아 수정 및 보완하고 원고를 완성해 갈 수 있다. 따라서 자기소개 스피치 준비 단계에서 AI의 활용은 발표자의 주관적인 경험을 더 명확하고 객관적으로 전달할 수 있도록 돕는 중요한 교육 항목에서 교수자의 역할을 충분히 대행할 수 있다고 본다.

실행 단계

글쓰기와는 달리 말하기는 실행 단계에서 현장성, 즉시성, 일회성이라는 특성이 존재한다. 이러한 특성은 공적 말하기가 지니는 본질적인 속성에 해당하며 말하기의 실행 단계에서 나타나기 때문에 글쓰기의 현실과 매우 다른 차원이라 하겠다. 이와 같은 말하기가 갖는 특성을 고려해 퍼블릭 스피킹의 실행 단계에서 AI로부터 받을 수 있는 도움은 무엇인지를 살펴보기로 한다.

현장성과 AI

퍼블릭 스피킹에서 현장성은 연사가 청중과 현장에서

직접적으로 상호 작용하며 비언어적 요소와 감정적 소통을 중요하게 만드는 특성을 말한다. 물론 AI가 청중의 수준으로 현장의 분위기 등에 의한 미묘한 감정의 교차나 변화 등을 읽어 낼 수 있을 정도의 기술적 수준은 아직 아니지만, 청중 분석을 통한 사전 준비 단계에서 현장성을 고려한 정보를 제공해 줄 수 있고, 스피치 이후 녹화 영상 등을 통한 비언어적 분석과 피드백을 통해 화자가 청중과의 물리적 · 감정적 연결을 강화할 수 있는 방법을 제공해 줄 수 있다.

즉, AI는 현장에 있는 청중의 특성에 대한 데이터를 제공해 연사가 청중의 나이, 관심사, 배경에 맞춰 메시지를 현장감 있게 조정할 수 있도록 도움을 줄 수 있다. 청중의 성향에 맞춘 맞춤형 스피치를 준비하는 것은 결국 현장에서 스피치를 성공적으로 실행할 수 있는 확률을 높이는 것과 맞닿아 있다.

아울러 AI는 현장에서 연사의 제스처, 표정, 시선 처리 등을 분석해 연사가 얼마나 효과적으로 청중과 소통하는지에 대해서도 피드백할 수 있다. 예를 들어, AI는 연사가 청중을 대상으로 적절한 아이 콘택트를 하고 있는지, 제스처가 과도하거나 부족하지 않은지 등에 대해 조언할 수 있다. 이러한 AI의 분석은 연사가 현장에서 청중과 더 강한 감정적 교감을 이루는 데 도움을 줄 수 있다.

즉시성과 AI

퍼블릭 스피킹에서 즉시성은 화자가 청중의 실시간 반응을 고려해 즉각적으로 스피치의 흐름을 조정하는 능력이다. AI는 연사가 이러한 즉각적 상호 작용을 연습하고 개선하는 데 실질적인 도움을 줄 수 있다.

AI는 가상의 청중을 생성해 연사가 실시간으로 다양한 반응을 경험하도록 도울 수 있다. 가상 청중은 박수, 웃음, 집중도 저하 등 다양한 반응을 시뮬레이션할 수 있으며, 연사는 이러한 반응에 어떻게 대응할지 AI를 통해 미리 연습할 수 있다. 이를 통해 발표자는 실제 상황에서 청중의 반응에 더욱 유연하게 대처할 수 있을 것이다.

또한 AI는 스피치 도중 예상치 못한 질문이나 주제 변경 상황을 시뮬레이션해 화자가 즉흥적 대답을 연습하도록 도울 수도 있다. 이를 통해 화자는 예상치 못한 상황에서도 자연스럽게 스피치 흐름을 유지하고 대응할 수 있는 능력을 기를 수 있을 것이다.

일회성과 AI

퍼블릭 스피킹에서 일회성은 시간과 공간의 제약을 전

제로 모든 공적 말하기는 오직 일회적일 수밖에 없다는 특성을 말한다. 연사에게 주어지는 퍼블릭 스피킹의 기회는 일회적인 것으로, 일회성이라는 특성은 곧 단 한 번의 기회에 최상의 능력을 발휘하는 퍼블릭 스피킹이어야 한다는 뜻을 내포하고 있다. AI는 이러한 일회성의 특성이 가져다주는 퍼블릭 스피킹의 긴장감을 극복하고 최상의 스피치를 제공하기 위해서 다양한 도움을 제공할 수 있다.

AI는 연사가 실제 스피치를 여러 번 시뮬레이션해 볼 수 있는 환경을 제공해 준다. AI는 연사의 발표를 녹음하고 분석해 목소리의 톤, 속도, 억양, 내용의 일관성 등에 대한 피드백을 실시간으로 제공할 수 있다. 이러한 연습을 통해 스피치의 일회성을 대비한 완성도 높은 준비를 할 수 있을 것이다.

또한 AI는 스피치의 주제, 청중의 특성, 발표자의 개인적 스타일에 맞춰 최적화된 원고를 생성하거나 개선할 수 있다. 이 과정에서 AI는 효과적인 강조점이나 논리적 흐름을 제안함으로써 화자가 일회성의 기회에서 더 확실하고 강력한 메시지를 전달하도록 도움을 제공할 수 있다.

아울러 AI는 스피치의 시간 관리를 돕는 도구로 활용

될 수 있다. AI는 발표자가 시간 내에 모든 내용을 전달할 수 있도록 발표 시간을 모니터링하고 피드백을 제공함으로써 발표자가 한 번의 기회에서 시간을 효과적으로 사용할 수 있도록 도울 수 있다.

이와 같이 퍼블릭 스피킹만의 특성이라고 할 수 있는 현장성, 즉시성, 일회성을 최대한 고려해 연사는 AI의 도움을 통해 실시간 상호 작용 능력, 비언어적 소통 기술, 즉흥적 대응 능력, 스피치 내용의 최적화 등을 이끌어 낼 수 있다. AI는 연사가 이러한 특성들을 미리 연습하고 개선하는 데 유용한 도구로 작용해, 실제 발표 현장에서 최고의 스피치 능력을 발휘하도록 지원할 수 있다.

피드백 단계

퍼블릭 스피킹 실행 후에는 피드백을 통해 더 나은 성과를 만들어 가는 것이 중요하다. AI는 실행 스피치의 녹음을 분석해 연사의 목소리 톤, 억양, 속도, 감정 표현 등을 세부적으로 평가하고, 구체적인 개선점을 제안한다. 예를 들어, 음성 분석에 특화된 AI는 연사의 목소리가 지나치게 단조롭거나 빠르게 전달되었는지, 또는 청중의 공감을 얻지 못한 부분이 어디였는지를 상세히 알려준다.

아울러 AI는 청중의 설문 결과와 소셜 미디어 반응을

분석해 연사의 메시지가 얼마나 효과적으로 전달되었는지를 정량적으로 평가한다. 이를 통해 연사는 자신의 강점과 약점을 정확히 이해하고, 다음 연설에서 이를 반영할 수 있다. 이러한 반복 학습 과정은 연사의 자신감과 퍼포먼스를 크게 향상시킨다.

물론, 이와 같은 AI 활용의 유익성을 주장하고 있는 필자 역시 많은 이들이 그러하듯이 한편으로는 AI의 도입에 따른 우려의 생각 또한 존재한다. 기술 의존성이 인간 고유의 창의성과 진정성을 위협할 수 있다는 점, 그리고 기술 발전 속도가 인간적 가치를 간과할 가능성 등이다 (Floridi, 2019). 현재의 기술 발전 속도라면 AI가 인간적 표현까지 완전히 대체하는 날이 곧 오는 것은 아닐까, 인간의 고유 범주라고 여겼던 진정성과 창의성의 영역조차 사라져 버리는 것은 아닐까 하는 염려와 걱정도 있다.

하지만 그럼에도 불구하고 피할 수 없는 AI 기술 시대를 살아내야 하는 우리는 AI와 퍼블릭 스피킹의 융합을 통해 '완전한 대체'가 아닌 '혁신적 보완'의 형태로 나아가는 길을 우리 스스로 모색해야 한다고 믿는다. AI는 인간 고유의 생각과 감정을 더욱 잘 드러내도록 돕는 일종의 도구로, 퍼블릭 스피킹이라는 인간 행위의 수준을 업그레이드해 주는 차원으로 활용돼야 한다. 즉, AI는 우리의 창의성을 대체하기보다는 증폭시키는 역할자로 규정해 활용될 수 있도록 퍼블릭 스피킹 교육과 연구 분야에서 구체적인 가이드라인이 제공되어야 할 것이다. 이로써 인간의 공적 말하기가 추론이 가능한 새로운 기술의 도움을 받아 더 깊고 풍부한 가치를 담을 수 있도록 재정립되어야 할 것이다.

제4차 산업 혁명이 이끄는 인류사적 전환의 시대, AI는 우리에게 새로운 말하기의 가능성을 열어 주고 있다. 기술의 힘이 우리의 목소리를 더욱 힘 있게 하고, 우리의 메시지가 더 멀리 도달하게 만들 수 있다면, 그것이야말로 AI 기술이 우리에게 가져다주는 진정한 유익이요 혁신일 것이다.

이 책은 바로 그와 같은 관점에서 우리가 AI 시대에 퍼블릭 스피킹 교육과 연구 분야에서 적절한 접점을 찾을 수 있는지, 그 가능성을 실현하는 방법을 탐구하는 여정이다. 인간의 말하기가 AI와 만나 어떻게 더 넓고 깊은 커뮤니케이션의 세계를 열어 갈 수 있을지, 함께 고민하고 실험할 수 있기를 바란다.

참고문헌

Cialdini, R. B.(2001). *Influence: The psychology of persuasion.*

Harper Business.

Floridi, L.(2019). *The Ethics of artificial intelligence: Communication and society.* Oxford University Press.

Hovland, C. I. et al.(1953). *Communication and persuasion.* Yale University Press.

Lencioni, P. M.(2002). *The five dysfunctions of a team: A leadership fable.* John Wiley & Sons.

McLuhan, M.(1964). Understanding media: The extensions of man. McGraw-Hill.

Mehrabian, A.(1971). *Silent messages.* Wadsworth Publishing Company.

OpenAI(2020). GPT-3 Technical paper. http://ffighting.net/deep-learning-paper-review/language-model/gpt-3/

Reilly, K.(2021). *AI and communication: A new paradigm.* Springer.

Shannon, C. E. & Weaver, W.(1949). *The mathematical theory of communication.* University of Illinois Press.

Tuckman, B. W.(1965). Developmental sequence in small groups. *Psychological bulletin*, 63(6), pp.384-399.

Wheeler, R.(2018). *Rhetorical theory and public speaking practice.* Wiley.

01

퍼블릭 스피킹의 역사와 AI의 등장

퍼블릭 스피킹은 고대의 수사학에서 현대의 AI 기술에 이르기까지 지속적으로 변화하며 사회적 · 문화적 요구를 반영해 왔다. 특히 AI는 단순한 도구가 아니라 새로운 커뮤니케이션 방식의 혁신적 플랫폼으로 작용하고 있다. 앞으로 인간이 AI의 도움으로 실현할 퍼블릭 스피킹은 지금까지 우리가 경험한 변화를 능가하는 역동성을 보여 줄 것이다.

AI와 1인 창업?

퍼블릭 스피킹과 인류

퍼블릭 스피킹은 이미 고대부터 인간 사회의 중심에 자리 잡은 커뮤니케이션의 본질적인 형태라고 할 수 있다. 인류사에서 퍼블릭 스피킹은 정보를 전달하는 행위를 훨씬 뛰어넘어 이성으로 설득하고 마음으로 감동케 하는 장을 펼침으로써 공동체가 하나 되어 집단적 목표를 달성하도록 매개하는 중요한 역할을 해 왔다. 고대 그리스 시대에서부터 시작해 오늘날의 생성형 AI 시대에 이르기까지 퍼블릭 스피킹의 역사를 찬찬히 훑어보면, 퍼블릭 스피킹은 인류가 발전시킨 문명의 결과와 그에 따라 요구되는 사회적 변화를 끊임없이 반영하며 진화해 왔음을 확인할 수 있다.

지난 시대에 겪어 보지 못했던 생성형 AI라는 새로운 기술의 등장은 오랜 세월을 거쳐 진화된 퍼블릭 스피킹의 전반적 패러다임에 획기적인 변화를 예고하고 있다. 따라서 이 글에서는 퍼블릭 스피킹의 역사적 변화의 모습을 시간의 흐름을 따라 간략히 살펴보고, 생성형 AI가 이 분야에 미치고 있는, 그리고 미치게 될 영향에 대해 다루어 보기로 한다.

고대: 수사학의 탄생과 발전

우리가 말하는 오늘날 퍼블릭 스피킹의 뿌리는 고대 그리스의 수사학에서 찾을 수 있다. 민주 사회였던 아테네에서는 시민들이 모여 토론하고 각자 자신의 의견을 표출하는 과정이 매우 중요했으며, 이에 따라 효과적인 설득과 논증 기법을 익히는 것이 필수적이었다. 초기 그리스 철학사들은 수사학을 단순한 말솜씨 이상의 것으로 보았다. 당시에도 수사학은 진리와 정의를 구현하고 공공의 선을 실현하기 위한 중요한 도구였다.

소크라테스, 플라톤, 아리스토텔레스와 같은 철학자들은 스승의 가르침을 존중하면서도 각자의 방식으로 수사학에 접근했다. 소크라테스의 가르침은 대화와 질문을 통해 상대방의 생각을 이끌어 내고 청중 스스로가 깨달음을 얻도록 하는 데 중점을 두었다. 반면, 플라톤은 그의 저서 『국가』와 『고르기아스』 등에서 대중을 대상으로 한 연설 기술이라는 수사학에 대해서 비판적 시각을 제시했다. 플라톤은 수사학을 이른바 '미디어즘'의 도구로 경계하며 진리와 정의를 왜곡할 수 있는 위험성에 대해 경고하기도 했다. 그의 제자인 아리스토텔레스는 수사학에 대한 체계적 접근을 통해 수사학의 이론적 기반을 다졌다. 아리스토텔레스는 수사학을 로고스(논리), 에토스(인격), 파토스(감정)의 세 요소로 분류하고 설득의 기술을 체계적으로 분석했다. 이후 수사학은 서구의 교육과 정치 담론에 커다란 영향을 미쳤으며, 수사학이 단순한 대중 연설의 기술이 아닌, 합리적 사고와 윤리적 설득의 도구로서 자리매김하게 했다.

고대 그리스의 문명과 문화를 계승한 고대 로마의 시민 사회에서는 법정과 정치적 논쟁이 중요한 역할을 했다. 그런 까닭에 로마 시대의 수사학은 공적인 의사소통 능력의 핵심 요소로 채택되었다. 키케로와 같은 로마의 대변인들은 그리스 수사학을 계승하면서도 현실적이고 실용적인 요소를 추가했다. 키케로는 이성과 감성을 조화롭게 활용한 연설 기법으로 청중의 마음을 움직였으며, 그의 연설은 오늘날에도 뛰어난 설득력의 본보기로 평가받는다. 또한, 로마 교육자 퀸틸리아누스는 연설과 글쓰기의 교육 과정을 체계화했고, 이를 통해 수사학이 단순한 기술이 아니라 인간의 전인적 수양과 밀접한 관련이 있음을 강조했다.

이와 같이 고대 수사학은 단순히 자신의 이익을 위해 말을 잘하는 기술을 넘어서, 진리와 정의 그리고 공공의 선을 실현하기 위한 도구로서 발전했다. 수사학 교육은 당시 시민들에게 민주주의 참여와 공적 논의에 필요한 핵심 소양을 제공했으며, 이는 현대의 퍼블릭 스피킹 교육에도 중요한 철학적 토대가 되고 있다. 고대 철학자와 연설가들은 수사학을 통해 사회 구성원 간의 상호 이해와 소통을 도모했고, 그 결과 오늘날에도 여전히 그들의 사상과 기법은 학문적 연구와 실제 퍼블릭 스피킹 현장에서 많은 영향을 발하고 있다.

결국, 고대 수사학의 탄생과 발전은 단순한 언어 기술의 발전을 넘어 인간의 이성과 감정, 그리고 윤리적 가치를 통합하는 통섭적 학문으로 자리매김했다. 이러한 역사적 배경은 AI 시대에 새로운 형태의 퍼블릭 스피킹이 요구되는 오늘날에도 많은 시사점을 제공한다. 인간의 감성과 이성을 동시에 어루만지는 설득력 있는 커뮤니케이션은, 기술이 아무리 발전해도 그 근본 가치는 변치 않을 것이기 때문이다.

중세와 르네상스 시대 수사학의 발전

유럽의 중세와 르네상스 시대는 퍼블릭 스피킹과 수사학이 단순한 연설 기술을 넘어 사회, 정치, 종교적 담론의 핵심 수단으로 자리매김하던 시기였다. 이 시대는 서로 다른 사회적 · 문화적 배경 속에서 수사학이 어떻게 발전했는지를 보여 주며, 오늘날의 퍼블릭 스피킹 교육에도 많은 영향을 미치고 있다.

중세 시대의 수사학은 주로 교회와 학문 공동체 내에서 발전했다. 중세 유럽에서는 기독교 교리가 사회 전반에 깊숙이 스며들어 있었으며, 교회는 교육과 의사소통의 중심 기관 역할을 담당했다. 이 시기 교육 체계는 문법, 수사학, 논리학으로 구성된 이른바 '트리비움(Trivium)'을 기본으로 삼았으며, 그중 수사학은 설득력 있는 커뮤니케이션을 위한 핵심 과목으로 다루어졌다. 중세 학자들은 고대 그리스와 로마의 수사학 전통을 수용하고 기독교적 가치와 결합시키려 했다. 이를테면, 성 아우구스티누스와 같은 인물은 연설의 도덕적 · 영적 가치를 강조했고, 설득의 힘은 단순히 청중의 감정을 자극하는 것이 아니라 궁극적으로 진리를 전달하는 중요한 수단임을 역설했다. 이와 함께, 중세 법정이나 종교 재판에서도 수사학은 증언과 변론의 효과적인 전달을 위해 필수적인 기술로 활용되었으며, 이는 후에 서구 사회 전반의 공적 담론 형성에 영향을 주었다.

르네상스 시대에 이르러서는 인문주의의 대두와 함께 고전 문화에 대한 재발견이 이루어지면서 수사학 역시 새로운 변화를 겪는다. 르네상스 인문주의자들은 고대 그리스와 로마의 수사학 저작들을 새롭게 연구하고 재

해석함으로써 고전적 미덕과 이성적 설득의 중요성을 부각시켰다. 이들은 인간 중심의 사고와 표현을 강조하고 감성과 이성을 조화시키는 연설 기법을 발전시켰다. 에라스뮈스, 마키아벨리, 그리고 후에 윌리엄 셰익스피어에 이르기까지 많은 인물들이 수사학을 통해 사회, 정치, 예술의 다양한 분야에서 혁신적인 소통 방법을 모색했나. 르네상스 시대의 연설은 단순히 정보를 전달하는 것을 넘어 청중을 감동시키고 행동을 유도하는 예술적 표현으로 승화되었으며, 이는 오늘날 퍼블릭 스피킹의 근간이 되는 감성적 요소와 설득력을 동시에 담보하는 방법론으로 발전하게 되었다.

또한, 르네상스 시대에는 인쇄술의 발달과 함께 연설문과 수사학 서적들이 대중에게 널리 보급되면서, 평민들도 고급 연설 기술을 접할 기회가 많아졌다. 이러한 변화는 교육의 대중화와 더불어, 연설과 토론이 사회적 · 정치적 의사 결정 과정에서 중요한 역할을 수행하게 되는 기반이 되었다.

중세와 르네상스 시대의 수사학은 오늘날 AI 시대의 퍼블릭 스피킹에 많은 시사점을 전해 준다. 당시 연설가들이 청중과의 직접적인 소통과 감정 호소, 그리고 진리 전달 사이의 균형을 찾기 위해 노력했던 것처럼, 현대 사회에서도 기술의 발전과 함께 인간적인 감성과 윤리적 소양이 결합된 커뮤니케이션이 중요해지고 있다. 과거 수사학의 발전 과정은 단순히 과거의 유산에 머무르지 않고 오늘날 디지털 시대에서 효과적인 의사소통 전략을 모색하는 데 귀중한 교훈을 제공한다고 할 수 있다.

현대: 미디어와 퍼블릭 스피킹의 대중화

산업 혁명 이후 인쇄 기술과 미디어의 발전은 퍼블릭 스피킹을 대중문화로 확장시켰다. 라디오와 텔레비전의 등장으로 연설은 전 세계의 대중에게 전달될 수 있게 되었고, 정치적 · 사회적 메시지 전달의 강력한 수단으로 자리 잡았다.

20세기에는 윈스턴 처칠, 프랭클린 루즈벨트, 마틴 루터 킹 주니어와 같은 연설가들이 중요한 역사적 순간에 강력한 연설을 통해 사회 변화를 이끌었다. 예를 들어, 마틴 루터 킹의 "I Have a Dream" 연설은 인종 평등 운동의 상징적 순간으로, 퍼블릭 스피킹이 집단적 감정을 고양하고 변화를 촉발할 수 있음을 보여 준다(Wheeler, 2018).

과거 퍼블릭 스피킹은 연설가나 정치인, 학자 등 극소수의 사람들에게만 요구되는 기술이었다. 그러나 미디어 기술의 발전은 말하기의 장벽을 허물고 있다. 스마트폰과 인터넷만 있으면 누구나 연설자가 될 수 있고, 전통적인 강연 형식에서 벗어나 보다 자유로운 형식의 말하기가 가능해졌다.

미디어가 발전하면서 신뢰의 기준도 변화했다. 글만으로는 전달되지 않는 감정과 진정성이 영상과 음성을 통해 보다 직접적으로 전달되면서, 말하는 방식이 곧 신뢰의 중요한 지표가 되고 있다. 예를 들어, 기업 CEO들은 단순한 공식 성명보다 영상 메시지를 통해 소비자와 직접 소통하는 방식을 선호한다. 정치인들 역시 대중 연설과 토론을 통해 신뢰를 쌓으며, 일반인들도 면접이나 비즈니스 협상에서 말하기 능력이 중요한 평가 요소가 되고 있다(Lencioni, 2002). 결국 퍼블릭 스피킹의 대중화는 단순한 표현 기술의 확산이 아니라 신뢰를 형성하는 방식의 변화라고 할 수 있다.

AI 시대: 퍼블릭 스피킹의 혁신

21세기 들어 AI 기술의 발전은 퍼블릭 스피킹의 방식과 접근법을 근본적으로 변화시키고 있다. 생성형 AI는 방대한 데이터를 학습해 연설 초안을 작성하고, 청중의 감정 상태를 분석하며, 실시간으로 피드백을 제공할 수 있다. 추론이 가능한 생성형 AI는 간단한 명령어를 통해 설득력 있고 매력적인 콘텐츠를 생산한다. 이러한 기술은 연사의 준비 과정과 실행 과정에 혁신적인 변화를 가져오고 있다. 예를 들어, AI 기반 음성 분석 도구는 청중의 반응을 실시간으로 분석해 연사에게 유용한 피드백을 제공한다. 이는 연사가 강조해야 할 핵심 부분을 조정하거나, 청중의 반응에 따라 연설의 방향을 변경할 수 있도록 돕는다(Reilly, 2021). 이러한 기술은 단순히 인간 연사를 돕는 보조 도구를 넘어, 인간과 기술이 협력하는 새로운 형태의 퍼블릭 스피킹을 만들어 가고 있다.

흥미로운 점은 AI의 실시간 음성 및 감정 분석이 연사에게 즉각적인 피드백을 제공할 수 있다는 것이다. 연설자가 강조해야 할 핵심 부분이나 청중의 반응에 따라 발언을 조정하도록 돕는 AI 보조 기술은, 연사의 직관적 의사소통을 기술과 결합해 새로운 가능성을 열어 준다. 이로 인해 우리는 단순한 '퍼블릭 스피킹'에서 '협력적 스피킹'으로의 전환, 즉 인간과 기술이 협력해 더 나은 커뮤니케이션을 이끄는 시대를 맞이하고 있다.

물론 이러한 기술 발전은 몇 가지 윤리적 과제를 동반한다. AI가 생성한 콘텐츠의 진정성과 출처 문제, 또는 기술 의존에 따른 인간적 요소의 약화를 우려하는 목소리도 크다(Floridi, 2019). 이러한 쟁점들은 AI의 도구화를 넘어 인간적 가치와 설득력을 어떻게 균형 있게 유지할 것인가를 고민하게 한다. 미디어의 발달과 함께 퍼블릭 스피킹의 대중화는 거스를 수 없는 흐름이 되었다. 이제 말하기 능력은 특정 직업군이 아니라 모든 사람에게 필수적인 역량이 되고 있다. 효과적으로 말할 줄 아는 사람은 더 많은 기회를 얻고, 영향력을 확장할 수 있다.

이제 우리는 퍼블릭 스피킹을 단순한 발표 기술이 아니라, 신뢰를 형성하고 AI 시대에 인간의 가치를 더욱 부각할 수 있는 중요한 역량으로 바라보아야 한다. 앞으로 스스로 말하기 능력을 어떻게 발전시킬 것인가? 그것이 개인과 사회의 경쟁력을 결정짓는 중요한 요소가 될 것이다.

참고문헌

Cialdini, R. B.(2001). *Influence: The psychology of persuasion.* Harper Business.

Floridi, L.(2019). *The ethics of artificial intelligence: Communication and society.* Oxford University Press.

Lencioni, P.(2002). *The five dysfunctions of a team: A leadership fable.* Jossey-Bass.

OpenAI(2020). GPT-3 Technical paper.

- https://ffighting.net/deep-learning-paper-review/language

-model/gpt-3/
Reilly, K.(2021). *AI and communication: A new paradigm.* Springer.
Wheeler, R.(2018). *Rhetorical theory and public speaking practice.* Wiley.

02
AI와 스피치 커뮤니케이션의 융합

기술이 발전하면서 퍼블릭 스피킹의 본질은 새로운 차원으로 확장되고 있다. 생성형 AI, 음성 분석, 음성 합성과 같은 기술들은 연사가 메시지를 준비하고 전달하며, 청중의 반응을 분석하는 방식을 근본적으로 변화시키고 있다. 이 기술들이 만들어 내는 혁신의 사례들은 이제 우리가 퍼블릭 스피킹을 다시 정의해야 할 시점임을 보여 준다.

AI와 MBTI?

퍼블릭 스피킹, 다시 정의하다

최근 인공지능(AI)의 눈부신 발전은 우리 사회의 다양한 분야에 혁신적인 변화를 불러일으키고 있다. 특히 커뮤니케이션 분야에서는 AI가 스피치 커뮤니케이션, 즉 퍼블릭 스피킹에 새로운 가능성과 도전을 동시에 제공하고 있다. 전통적인 연설 기술은 경험과 반복 연습을 통해 숙련되었지만, AI 기술의 융합을 통해 연설 준비, 연습, 피드백 과정이 보다 체계적이고 효율적으로 변화하고 있다. 이 글에서는 AI와 스피치 커뮤니케이션의 융합이 어떻게 이루어지고 있는지, 그리고 이 변화가 앞으로 우리의 소통 방식에 어떤 영향을 미칠지에 대해 다루어 보고자 한다.

스피치 준비와 콘텐츠 생성

과거 연설 준비는 연구, 자료 수집, 스크립트 작성 등 많은 시간과 노력을 필요로 했다. 그러나 AI 기반 자연어 처리(Natural Language Processing, NLP) 기술이 발전하면서 연설문 작성 과정은 크게 변하고 있다. 생성형 AI는 사용자가 제시하는 주제와 방향에 맞추어 자연스러운 문장을 생성하고, 문법과 표현을 교정해 주는 역할을 수행한다. 이를 통해 연설자는 기본 아이디어나 스토리라인을 보다 빠르게 구성할 수 있으며, 여러 버전의 스크립트를 실시간으로 비교·분석해 최적의 콘텐츠를 선택할 수 있게 되었다(Mehrish et al., 2023).

또한, AI는 대중의 관심사와 최신 트렌드를 반영한 데이터를 분석해 연설 내용에 대한 실시간 인사이트를 제공해 준다. 이를 통해 연설자는 청중의 기대와 사회적 이슈를 반영한 콘텐츠를 준비할 수 있으며, 보다 설득력 있는 메시지를 구성하는 데 큰 도움을 받을 수 있다.

연습과 피드백 과정의 혁신

스피치 연습은 단순한 암기와 반복을 넘어서, 실제 상황에 가까운 시뮬레이션을 통해 개선점을 찾아내는 과정이 필요하다. 최근 AI 기반의 음성 인식 및 분석 기술은 연설자의 발음, 억양, 속도, 감정 표현 등을 정밀하게 분석할 수 있다. 따라서 AI 시스템은 연설자의 음성 데이터를 실시간으로 수집해 발음의 명료성, 톤의 변화, 속도 조절 등 다양한 요소에 대해 즉시 피드백을 할 수 있다.

또한, 가상 현실(VR)과 결합된 AI 시스템은 실제 청중이 있는 환경을 모사한 시뮬레이션 공간을 제공해 연설 연습의 몰입도를 극대화할 수 있다. 이러한 시스템은 연설 중간에 있을 수 있는 청중의 반응, 즉 박수·웃음·집중도 등을 실시간으로 분석하고, 연설자가 발화의 강약 조절이나 제스처, 시선 처리 등을 개선할 수 있도록 도와준다(Bilgin, 2022). 이처럼 AI의 피드백 시스템은 연설자의 단점을 보완하고 강점을 더욱 부각시키는 맞춤형 연습 환경을 만들어 줌으로써 전반적인 스피치 능력을 향상시키는 데 크게 기여할 수 있다.

청중 분석과 맞춤형 커뮤니케이션

AI는 빅데이터 분석을 통해 청중의 특성을 정밀하게 파악할 수 있다. 소셜 미디어, 설문 조사, 웹 검색 데이터 등 다양한 출처의 데이터를 수집 · 분석해 청중의 연령, 관심사, 가치관 등을 세밀하게 분류할 수 있으며, 이를 바탕으로 연설자는 청중 맞춤형 메시지를 구성할 수 있다. 이를테면, 특정 사회 집단이나 연령대가 선호하는 콘텐츠를 구성함으로써 청중과의 감정적 유대감을 높이고 설득력을 강화할 수 있다(Bose, 2021).

또한, 실시간 청중 반응 데이터를 활용해 연설 진행 중에도 메시지의 효과를 모니터링할 수도 있다. AI 기반 시스템은 청중의 반응을 분석해 연설자가 즉각적으로 내용이나 전달 방식을 조정할 수 있도록 지원한다. 이처럼 AI와 스피치 커뮤니케이션의 융합은 일방향 전달을 넘어 쌍방향 소통을 실현하는 데 중요한 역할을 할 수 있다.

기업 및 교육 분야에서의 활용

많은 글로벌 기업들은 이미 내부 교육 및 외부 발표에서 AI 도구를 적극 활용하는 추세다. 예를 들어, 기업 내 리더십 프로그램에서는 AI 기반의 연설 분석 시스템을 도입해, 임원들이 자신의 발표 스킬을 지속적으로 개선하는 데 활용할 수 있다. 이 시스템은 연설 내용의 구조, 언어 사용, 청중 반응 등을 분석해 개인별 맞춤 피드백을 제공하며, 이를 통해 연설자 또는 발표자는 자신의 강점을 더욱 강화하고 약점을 보완할 수 있다.

교육 분야에서도 AI는 퍼블릭 스피킹 교육의 패러다임을 변화시키고 있다. 대학 및 전문 교육 기관에서는 AI 튜터를 활용한 연설 연습 프로그램을 운영할 수 있고, 학생들이 실제 실습 환경에서 자신의 발표 스킬을 발전시킬 수 있도록 도울 수 있다. 이러한 프로그램은 학생들이 자신의 연설을 녹화해 AI 분석 결과를 확인하고, 이를 바탕으로 자신의 약점을 개선할 수 있도록 구체적인 지침을 제공한다. 나아가, 가상 강의실과 AI 기반 피드백 시스템의 결합은 원격 교육 환경에서도 효과적인 스피치 커뮤니케이션 교육을 가능하게 할 것이다.

정치 및 공공 영역에서의 적용

정치인과 공공 연설자들도 AI 도구를 활용해 연설 준비와 청중 소통 전략을 강화하고 있다. 선거 캠페인에서 연설문 작성과 청중 분석은 매우 중요한 요소로, AI를 통해 수집된 대규모 데이터는 후보자의 메시지를 보다 효과적으로 전달하는 데 큰 역할을 한다. 또한, 실시간 반응 분석 시스템을 활용하면 대중 연설 도중 청중의 반응을 즉각적으로 파악할 수 있어서 그때그때 연설 전략을 얼마든지 유연하게 조정할 수 있다.

이와 함께, 정부 기관 및 공공 기관에서는 위기 상황에서 신속하고 효과적인 커뮤니케이션을 위해 AI 기반의 연설 및 보도 자료 작성 시스템을 도입하고 있다. 이러한 시스템은 정확한 정보 전달은 물론, 대중의 불안 해소와 신뢰 구축에도 기여하며, 공공의 이익을 위한 커뮤니케이션 전략 수립에 중요한 역할을 담당할 것이다.

예술과 문화 분야에서의 혁신

예술 및 문화 분야에서도 AI와 스피치 커뮤니케이션의 융합은 새로운 표현 기법을 탄생시키고 있다. 예를 들어, 공연 예술 분야에서는 AI가 실시간으로 청중의 반응을 분석하고, 이를 반영한 즉흥 연설이나 스피치 퍼포먼스를 선보이는 사례가 등장하고 있다(Nakamura, 2020). 또한, 문학 강연이나 토론회에서는 AI가 생성한 다양한 시나리오와 대안적 메시지를 활용해 청중과의 상호 작용을 극대화하는 새로운 형식의 이벤트가 기획되고 있다. 이처럼 예술적 표현 영역에서도 AI의 융합은 창의적 스피치 커뮤니케이션의 확장을 이끌고 있다.

기술 발전과 인간 중심 커뮤니케이션의 균형

AI의 발전은 스피치 커뮤니케이션의 효율성과 효과성을 극대화하는 한편, 인간 고유의 감성, 창의성, 윤리적 판단과 같은 요소와의 조화를 요구한다. AI가 제공하는 데이터 기반 분석과 실시간 피드백은 연설자의 기술적 향상을 돕지만, 인간적인 공감과 진정성은 여전히 연설의 핵심 요소로 남아 있다. 미래에는 AI 도구와 인간 연설자의 협업 모델이 더욱 정교해져서 기술과 감성이 상호 보완되는 새로운 커뮤니케이션 패러다임이 정립될 것으로 보인다(Bilgin, 2022).

AI가 청중 데이터를 분석하고 연설자의 개인 정보를 활용하는 과정에서는 개인 정보 보호와 윤리적 문제도 중요한 과제로 떠오르고 있다. 연설 준비와 피드백 과정에서 수집되는 데이터가 어떻게 활용되고 보호되는지에 대한 명확한 기준과 규제가 마련되어야 하며, AI 도구 개발자와 사용자 모두가 윤리적 책임을 인식하는 것이 매우 중요하다.

AI와 스피치 커뮤니케이션의 융합은 단기적인 기술 혁신에 그치지 않고 지속적인 연구와 교육을 통해 발전해야 할 것이다. 커뮤니케이션 교육 기관과 기업, 정부 및 연구소는 AI 기술의 최신 동향을 반영한 교육 프로그램을 개발하고, 실제 적용 사례를 공유함으로써 기술 발전과 함께 변화하는 커뮤니케이션 환경에 적응할 수 있도록 노력해야 할 것이다. 또한, 학제 간 연구와 협업을 통해 AI와 인간 커뮤니케이션의 상호 작용 원리를 심도 있게 분석하고, 새로운 교육 모델을 개발하는 것도 중요한 과제로 대두되고 있다.

정리

AI 시대에 접어들면서 스피치 커뮤니케이션의 방식은 혁신적인 변화를 겪고 있다. 스피치 준비, 연습, 청중 분석, 실시간 피드백 등 다양한 측면에서 AI 도구들이 연설자의 역량을 향상시키는 데 기여하고 있으며, 이는 기업, 교육, 정치, 예술 등 다양한 분야에서 실질적인 효과를 입증하고 있다. 다만, 기술 발전에 따른 윤리적 문제, 개인 정보 보호 문제와 인간 고유의 감성을 유지하는 과제는 여전히 해결해야 할 중요한 이슈로 남아 있다.

결국, AI와 스피치 커뮤니케이션의 융합은 단순히 기술적 도구의 사용을 넘어, 인간과 기계가 상호 보완하며 더 나은 소통과 설득의 방법을 모색하는 새로운 패러다임을 제시하고 있다. 미래에는 AI의 분석력과 인간의 창의성이 결합되어 보다 정교하고 감동적인 커뮤니케이션이 실현될 것으로 기대한다. 이와 같은 변화는 우리 모두가 기술 발전의 혜택을 누리면서도 인간 중심의 진정한 소통과 공감을 이어 나갈 수 있는 길을 열어 줄 것이다.

이와 같이 AI와 스피치 커뮤니케이션의 융합은 향후 커뮤니케이션의 새로운 지평을 열어 가는 중요한 요소로 자리 잡고 있다. 기술과 인간성이 조화를 이루는 미래의 스피치 커뮤니케이션 문화는, 단순히 정보를 전달하는 것을 넘어 누구나 접근 가능한, 감성과 이성이 어우러진 깊이 있는 소통의 장을 새롭게 펼쳐 낼 것이다.

참고문헌

Bilgin, R.(2022). A review of speaking and its components. Canadian journal of educational and social studies, 2(3), pp.37-49.

Bose, A.(2021). *Emotion recognition and audience analytics for public speakers, AI in communication.* Springer.

Mehrish, A. et al.(2023). A review of deep learning techniques for speech processing. *Information fusion*, 99, 101869.

Nakamura, H.(2020). *Voice synthesis and inclusion technology: Innovations and ethics.* Routledge.

OpenAI(2020). GPT-3: Language models are few-shot learners, OpenAI Research Paper.
https://openai.com/index/language-models-are-few-shot-learners/

03
콘텐츠 개발에서의 AI 활용

AI는 스피치 콘텐츠 개발의 방식을 혁신하면서 퍼블릭 스피킹에 새로운 가능성을 제시하고 있다. AI의 스피치 원고 작성, 키워드 발굴, 청중 분석 능력은 단순히 연사를 돕는 도구에 그치지 않고, 연사와 청중 간의 커뮤니케이션을 강화하는 가교 역할을 하고 있다. AI는 단순히 시간을 절약하고 효율성을 높이는 차원을 넘어, 퍼블릭 스피킹이라는 영역에 창의성과 혁신성을 더해 주고 있다.

AI와 난임 극복?

퍼블릭 스피킹의 핵심은 메시지다

퍼블릭 스피킹에서 가장 중요한 요소 중 하나는 콘텐츠의 질이다. 퍼블릭 스피킹에서 훌륭한 연설은 단순히 무대에서의 표현력에 의존하지 않는다. 강력한 메시지와 청중에게 닿는 핵심적인 내용, 그리고 체계적으로 준비된 원고가 뒷받침될 때 연사는 비로소 설득력을 얻는다. 그러나 이러한 콘텐츠 개발 과정은 많은 시간과 노력을 요구한다. 훌륭한 연설자는 단순히 말을 잘하는 것을 일컫는 것이 아니라, 전달하는 말에 담긴 강력한 메시지가 청중에게 얼마나 울림이 있느냐에 따라서 평가된다.

과거에는 연설자가 직접 자료를 조사하고, 논리를 구성하며, 청중을 고려한 스크립트를 작성해야 했지만, AI가 발전하면서 이러한 과정이 획기적으로 달라지고 있다. AI는 이 복잡하고 방대한 작업에 효율성과 창의성을 더해 주며, 퍼블릭 스피킹 준비의 방식을 혁신하고 있다. AI를 활용한 스피치 원고의 작성, 키워드 발굴, 청중 분석 등은 이제 연사가 메시지를 준비하는 데 없어서는 안 될 도구가 되고 있다.

이 글에서는 AI가 퍼블릭 스피킹 콘텐츠 개발 과정과 퍼블릭 스피킹 현장에서 어떻게 활용되고 있는 있는지를 분석하고 실제 그 활용의 예를 살펴보기로 한다.

주제 선정 및 자료 조사

AI 기반 데이터 분석 도구는 인터넷, 소셜 미디어, 뉴스, 학술 논문 등 방대한 정보를 실시간으로 수집하고 분석한다. 예를 들어, 구글 트렌드(Google Trends), 토크워커(Talkwalker), 브랜드워치(Brandwatch) 등의 플랫폼은 특정 키워드나 주제에 대한 검색 추이와 감성 분석을 통해 현재 대중의 관심사를 파악할 수 있도록 지원한다(Yang et al., 2024).

그러므로 정치 연설을 준비하는 연설자가 선거 전후의 사회적 이슈를 파악하기 위해 AI 도구를 활용한다면, 현재 사회적 논란이나 긍정적 변화에 대한 데이터를 기반으로 연설 주제를 결정할 수 있을 것이다. AI가 제공하는 통계 자료와 트렌드 분석은 대중 연설의 시의성과 적시성을 확보하는 데 큰 역할을 할 것이다.

또한 자료 조사에서 AI는 과거와는 비교할 수 없을 만큼의 효능감을 제공한다. 과거에는 연설자가 직접 도서관이나 인터넷에서 수많은 자료를 수집하고 분류하는 데 많은 시간을 들여야만 했다. 그러나 AI는 자연어 처리 기술을 이용해 관련 자료를 신속하게 탐색하고 요약할 수 있다(Yang et al., 2024). 즉, 학술 강연이나 교육 분야 연설을 준비해야 하는 경우, AI 도구를 활용하면 찾고자 하는 특정 주제에 관한 논문, 보고서, 통계 자료 등을 손쉽게 수집하고 해당 요약본을 제공받을 수 있다. 따라서 연설자는 자료를 찾고 정리하느라 정신이 분산될 가능성이 높았던 과거의 방식에서 벗어나 자신이 강조하고자 하는 메시지의 핵심 내용에 더욱 집중할 수 있게 된다.

자동 텍스트 생성과 초안 작성

최근 출시되고 있는 생성형 AI 모델을 활용하면 간단한 키워드나 문장 구조에 대한 요구를 바탕으로 자연스러운 연설문 초안을 작성할 수 있다. 이러한 AI 도구는 문법, 어휘, 논리적 연결성을 고려해 초안을 작성해 주기 때문에 연설자가 아이디어를 구체화하는 데 큰 도움을 받을 수 있다. 예를 들어, 어느 기업의 CEO가 신제품 출시 행사에서 사용할 연설문 초안을 작성할 때, "혁신, 도전, 미래 기술" 등의 키워드를 AI에 입력하면, 그에 맞는 논리적 구성과 감성적 표현을 포함한 초안을 받아볼 수 있다. 이후 연설자는 초안을 수정 및 보완해 최종 연설문을 완성하면 된다.

또한 AI 기반 교정 도구는 단순히 문법 오류를 수정하는 것을 넘어 연설문의 어조, 문체, 감성적 표현을 분석하고 개선안을 제시해 주기도 한다(Maher et al., 2021).

연설문의 문장 구조와 어휘 선택을 평가해 청중에게 더 효과적으로 전달될 수 있는 표현으로 다듬어 주는 것이다. 따라서 청중의 연령대나 문화적 배경에 따라 친근하면서도 전문적인 어조를 유지해야 하는 경우, AI 도구가 해당 문서의 어조를 분석해 더 쉽게 이해할 수 있도록 문장을 간결하게 수정하거나 전문 용어 사용 시 추가 설명을 권고하는 등의 피드백을 제공함으로써 연설의 완성도를 현저히 높일 수 있다(Mohammed et al., 2023).

아울러 효과적인 연설은 단순한 정보 전달을 넘어, 청중의 감성을 자극하고 설득하는 스토리텔링이 필수적이다. AI는 텍스트 내에서 논리적 흐름을 파악하고, 스토리텔링 요소를 강화할 수 있도록 도와줄 수도 있다. 연설문을 작성할 때 '기-승-전-결'의 구조를 갖추도록 도와주거나, 각 부분에 적합한 사례와 비유를 제시해 줌으로써 연설문을 보다 조직적이고 설득력 있게 만들 수 있다. 예를 들어, 비영리 단체 대표가 사회적 변화를 주제로 연설할 때, AI는 감동적인 사례나 인용구를 여러 형태로 제시하거나 추천해 청중의 공감을 유도하는 아이디어를 제공해 줄 수 있다.

청중 특성 분석을 통한 맞춤형 콘텐츠 제작

AI는 소셜 미디어 데이터, 설문 조사, 고객 피드백 등을 분석해 청중의 연령, 성별, 관심사, 지역적 특성 등을 파악해 낼 수 있다. 이러한 분석 결과는 연설자가 청중에게 가장 효과적으로 다가갈 수 있는 콘텐츠를 구성하는 데 중요한 자료가 된다. 어느 기업 행사에서 퍼블릭 스피킹을 해야 할 경우, AI 기반의 청중 분석 도구가 참석자의 데이터를 분석한 뒤 "주요 관심사는 친환경 기술과 지속가능성"이라는 인사이트를 도출해 제시해 준다면, 연설자는 이에 맞춘 사례와 메시지를 보다 쉽게 준비할 수 있을 것이다. 그 결과는 당연히 청중과의 공감대를 형성하고, 메시지의 설득력을 강화하는 것으로 귀결될 것이다.

또한 AI는 텍스트의 감성적 요소를 분석하는 기술을 바탕으로, 연설문의 감정적 톤과 분위기를 평가하고 개선안을 제공해 줄 수도 있다. 과거에 있었던 수많은 연설 데이터와 청중의 반응을 학습한 AI는 연설 도중에 나타날 수 있는 청중의 반응을 예측할 수 있으며, 그에 따라서 콘텐츠의 조정을 가능하도록 지원할 수 있다(Wang et al., 2020) 즉, 어느 정치인이 대중 연설을 해야 할 경우, AI가 청중의 감성 데이터를 분석해 "현재 사회 분위기는 희망과 도전"이라는 결과를 도출하고 제시한다면,

연설자는 이에 맞춰 긍정적 메시지와 감동적인 스토리텔링 요소를 더욱 강화할 수 있을 것이다. 또한 AI 실시간 피드백 시스템을 활용할 경우에는 연설을 행하는 도중에 AI가 청중의 반응을 모니터링해 즉각적인 수정을 제안하는 상황을 충분히 고려할 수도 있다(Maher et al., 2021).

시각 자료 및 프레젠테이션 디자인

퍼블릭 스피킹은 단순히 말로만 이루어지는 것이 아니라 시각 자료와 멀티미디어 콘텐츠가 결합될 때 더욱 효과적이다. AI 기반 디자인 도구는 연설의 주제와 톤에 맞추어 적절한 슬라이드, 이미지, 인포그래픽 등을 자동으로 생성하거나 추천할 수 있다. 만약에 연설자가 '미래 기술'이라는 주제로 발표를 준비할 경우 AI 도구를 적절히 활용한다면, AI는 연설자가 설정한 메시지에 부합하는 미래 지향적 이미지를 생성해 주고 복잡한 기술 통계 데이터를 이해하기 쉽게 인포그래픽으로 변환해 준다(Maher et al., 2021). 이를 통해 청중은 시각적 자료와 함께 연설 내용을 보다 쉽게 이해하고 기억할 수 있을 것이다. 또한 AI는 단순히 문서 작성에 국한되지 않고 연설자의 음성, 억양, 표정, 제스처 등 비언어적 요소까지 분석해 피드백을 제공할 수 있다. 영상 분석 기술은 연설 연습 영상을 분석해 개선점을 도출하고, 연설자가 보다 자신감 있고 자연스럽게 전달할 수 있도록 돕는다. 연설자가 실제 무대에서의 퍼포먼스를 녹화한 후 AI 기반 피드백 시스템이 "목소리의 크기와 억양 조절" 또는 "청중을 향한 시선 처리"와 같은 구체적인 개선 사항을 제시하면, 연설자는 이를 바탕으로 더욱 완성도 높은 연설을 준비할 수 있다.

활용 사례 및 미래 전망

많은 기업과 정치인들이 이미 AI 도구를 활용해 자신의 영역에 적합한 연설 콘텐츠를 개발하고 있다. 기업은 CEO 연설 준비 과정에서 AI 기반 자료 조사와 연설문 초안 작성 도구를 활용해 최신 기술 트렌드를 반영한 연설문을 신속하게 작성하고, AI를 최대한 활용해 연설 준비 시간을 크게 단축시킴과 동시에 청중의 피드백을 반영한 맞춤형 콘텐츠 제작에 집중할 수 있게 되었다. 정치 분야에서도 AI의 활용은 필수가 되었다. 특히 정치인은 선거 기간 중 유권자의 특성 분석이 중요한 이슈인데 특별히 비용을 들이지 않고도 AI를 활용해 이를 달성할 수 있게 되었다. AI를 통해 각 지역의 유권자 특성을 분석하고, 해당 지역에 맞춘 정책 메시지를 포함한 연설문을 작성하는 것이다. 아울러 실시간 청중 반응 모니터링 시스템을 도입해 연설 도중 메시지를 유연하게 조정할 수 있게 됨으로써 선거 운동에서 유권자의 높은 호응도와 성과를 이끌어 내는 데 활용하고 있다.

AI의 활용도는 교육 분야에서도 예외가 아니다. 대학 강의나 세미나에서 교수자는 AI 기반 콘텐츠 개발 도구를 활용해 최신 연구 동향과 관련 사례를 신속하게 반영한 강의 자료를 제작할 수 있게 되었다. 또한, 학생들의 발표 연습을 돕기 위한 AI 피드백 시스템을 도입해 발표 스킬과 콘텐츠 전달력을 지속적으로 개선할 수 있게 되었다. 이는 특히 피교육자의 과다로 인해 그동안 일대일 맞춤형 교육에 엄두를 내지 못했던 교육 현장에서 매우 유용하게 활용되고 있다.

아울러 공연 예술이나 문학 강연 분야 등에서도 AI는 창의적인 스토리텔링 자료와 시각적 자료를 결합하는 데 큰 도움을 주고 있다. 예술가는 AI가 생성한 이미지와 음악을 활용해, 감성적이고 몰입감 있는 연설 및 퍼포먼스를 선보이며 청중과 새로운 방식으로 소통할 수 있게 되었다. 이는 결국 사회 분야 전반에 걸친 질적 상향화에 기여하는 결과로 나타나게 될 것이다.

이와 같이 콘텐츠 개발 전반에서 AI가 제공하는 다양한 기능과 활용 예시를 중심으로 AI 시대의 퍼블릭 스피킹 관련 변화를 살펴보았다. 이러한 기술적 진보는 연설자가 청중과 깊이 있게 소통하고, 감동을 주는 메시지를 전달할 수 있도록 돕는 중요한 역할을 하며, 앞으로의 커뮤니케이션 환경을 재정의하는 데 기여할 것이다.

AI는 퍼블릭 스피킹 콘텐츠 개발에서 혁신적인 도구로 이미 자리매김하고 있다. 주제 선정과 자료 조사, 연설문 작성 및 구성, 맞춤형 콘텐츠 개발, 멀티미디어 자료 제작에 이르기까지 AI는 연설 준비의 모든 단계에서 효율성과 정확성을 높여 주며, 연설자가 청중과 효과적으로 소통할 수 있도록 도와주는 역할을 충분히 해내고 있다. 다양한 활용 예시에서 보듯이 기업, 정치, 교육, 문화 예술 등 여러 분야에서 AI 도구의 적용은 이미 긍정적인 성과를 보여 주고 있으며, 앞으로도 기술 발전과 함께 더욱 정교하고 개인화된 콘텐츠 개발이 가능해질 전망이다.

물론 AI가 제공하는 강력한 도구와 자동화 기능에도 불구하고, 최종적인 메시지 전달의 책임과 감성적 깊이, 독창적인 스토리텔링은 여전히 연설자의 몫임을 인식해야 할 것이다. AI와 인간이 서로 보완하는 협업 모델을 구축함으로써 우리는 보다 효과적이고 진정성 있는 퍼블릭 스피킹 콘텐츠를 개발할 수 있을 것이다. AI의 활용은 단순한 자동화 도구를 넘어 연설 준비의 혁신적 전환을 이끌고 있으며, 앞으로도 지속적인 발전과 연구를 통해 퍼블릭 스피킹의 새로운 지평을 열어 갈 것이다.

참고문헌

Fletcher, J.(2023). *Persuasive speaking in the age of AI: Applications and implications.* Springer.

Maher, K. et al.(2021). E-ffective: A visual analytic system for exploring the emotion and effectiveness of inspirational speeches. *IEEE Transactions on visualization and computer graphics,* 28(1), pp.508-517.

Mohammed, A. et al.(2023). Machine learning approaches to analyzing public speaking and vocal delivery. *London journal of social sciences,* 6, pp.69-74.

Wang, X. et al.(2020). VoiceCoach: Interactive evidence-based training for voice modulation skills in public speaking. In *Proceedings of the 2020 CHI Conference on Human Factors in Computing Systems* (pp.1-12).

Yang, D. et al.(2024). Social skill training with large language models. *arXiv preprint arXiv:2404.04204.*

04
음성과 표현력 개선을 위한 AI 기술

AI 음성 훈련 프로그램, 억양 및 발음 교정 도구, 감정 표현 강화 기술은 연사의 약점을 극복하고 역량을 극대화할 수 있는 기회를 제공한다. 이 도구들은 누구나 쉽게 접근할 수 있도록 설계되어 있으며, 대중적 기술로 자리 잡으며 새로운 말하기 문화의 기반을 제공하고 있다. AI는 단순히 연사를 돕는 보조 수단이 아니라, 그들의 목소리와 표현력을 무대 위에서 빛나게 하는 강력한 파트너다.

AI와 사주?

퍼블릭 스피킹은 입말의 실현이다

퍼블릭 스피킹에서 전달력은 단순히 말의 내용에만 국한되지 않는다. 퍼블릭 스피킹에서 연사의 음성과 표현력은 청중과의 소통을 결정짓는 핵심 요소다. 연사의 목소리, 발음, 억양, 그리고 감정 표현은 청중에게 메시지가 얼마나 설득력 있게 전달되는지를 결정짓는 중요한 요소다. 하지만 많은 사람들에게 목소리와 표현력 개선은 쉽지 않은 과제다. 부족한 발음, 부정확한 억양, 감정 전달 부족은 자신감 하락으로 이어지기도 한다. 이런 한계를 극복하고 연사의 역량을 극대화하기 위해 AI 기술이 새로운 해결책으로 떠오르고 있다. 음성 훈련 프로그램, 억양과 발음 교정, 감정 표현 강화를 지원하는 AI 도구들은 이제 누구나 전문적인 퍼블릭 스피킹 기술을 익힐 수 있도록 돕는다. 퍼블릭 스피킹은 음성을 통해 입말로 행하는 언어 행위이기에 감정과 의도를 효과적으로 표현하는 것이 중요하다. 이러한 음성과 표현력을 개선하는 데 도움을 주는 다양한 AI 도구들이 등장하고 있다.

이 글에서는 퍼블릭 스피킹에서 AI 기술이 음성과 표현력을 어떻게 향상시킬 수 있는지에 관해 AI의 도움을 받아 실질적인 활용 도구의 예시를 중심으로 살펴본다.

음성 분석 및 피드백 시스템

AI는 연설자의 음성을 분석해 발음, 속도, 강세, 억양, 음색 등을 평가하고 피드백을 제공한다. 이를 통해 연설자는 자신의 음성적 강점과 개선할 점을 정확하게 파악할 수 있다. 예를 들어, AI 기반 스피치 코칭 도구인 Orai와 Eloquence AI는 연설자의 음성을 분석해 "너무 빠른 말하기 속도", "일관되지 않은 억양", "단어 반복 사용" 등의 피드백을 제공한다. 이를 통해 연설자는 보다 명확하고 자연스러운 발성을 연습할 수 있다. 또한 음성 인식 기술과 머신러닝 알고리즘이 결합되어, 연설자의 발화를 실시간 분석하고 개선 방안을 제시한다. 이러한 기술은 특히 발표 연습을 하고자 하는 모든 이에게 매우 유용하다. 만약 국제 무대에서 연설을 준비 중인 한 사용자가 영어 발음에서 자신감을 갖지 못했다고 가정해 보자. AI는 그의 발음을 표준 미국식 억양과 비교해 어떤 단어의 강세가 부정확한지, 문장 흐름에서 리듬이 끊기는 부분이 어디인지를 구체적으로 분석한다(Hong et al., 2024). 이를 토대로 연습한다면 보다 명확하고 자연스러운 발음을 구사할 수 있게 되어 자신감을 갖게 될 것이다. 발음은 연설의 명확성을 결정짓는 중요한 요소다. AI는 연사의 발음을 분석하고, 원어민 수준의 발음과 비교해 개선 방법을 제시할 수 있다. ELSA Speak는 비영어권 연설자들을 위해 개발된 AI 기반 발음 교정 도구다. 사용자가 특정 문장을 발음하면, AI가 음소 단위로 분석해 올바른 발음과 비교하며 피드백을 제공한다. 딥러닝 기반의 음성 인식 모델이 사용자의 발음과 표준 발음을 비교해 정확도 및 자연스러움을 평가한다. AI는 연설자가 특정 음소를 발음할 때 어떤 부분을 개선해야 하는지 시각적으로도 보여 줄 수 있다. 미국의 AI 기반 음성 코칭 앱 Vocalytics는 사용자의 발성과 음역을 정밀하게 분석한 후, 어떤 주파수 대역에서 목소리가 가장 잘 들리는지 파악한다. 이를 바탕으로 연습 계획을 제공해 연사가 청중에게 더 명확하고 풍부한 목소리를 전달할 수 있도록 돕는다(Wang et al., 2023). 이러한 프로그램은 특히 대중 앞에서 목소리를 더 힘 있고 자신감 있게 들리게 하는 데 효과적이다.

음색 또한 연설자의 개성과 감정 전달을 좌우하는 중요한 요소다. AI는 연설자의 음성을 풍부하고 듣기 좋게 조정하는 역할을 할 수도 있다. Resemble AI는 연설자의 음성을 분석한 뒤 보다 깊이 있고 강한 음색을 만들 수 있도록 변환해 준다. 예를 들어, 목소리가 지나치게 얇거나 단조로운 경우, AI는 보다 풍부한 음향적 요소를 추가해 전달력을 높여 준다. AI는 신경망 기반 음성 합성(Text-to-Speech, TTS) 기술을 활용해 특정 음역대의 변화를 적용할 수 있으며, 연설자의 원래 목소리를 유지하면서도 더 듣기 좋은 톤을 만들어 낼 수도 있다(Abimanto & Sumarsono, 2024).

감정 분석 및 감정 표현 피드백

퍼블릭 스피킹은 단순한 정보 전달을 넘어 연사의 감정을 전달하는 것도 무척 중요하다. 하지만 많은 연사들이 자신의 감정을 효과적으로 목소리에 담는 방법을 어려워한다. 감정 인식 및 강화 AI 도구는 연사가 목소리를 통해 전달하고자 하는 감정을 더 생동감 있게 표현할 수 있도록 도와준다.

마이크로소프트의 Azure Emotion Voice Trainer는 사용자의 목소리를 실시간으로 분석해, 현재 전달되고 있는 감정(기쁨, 슬픔, 분노, 흥미 등)을 감지하고 이를 개선할 수 있는 방향을 제안한다. 사용자는 자신이 원했던 감정이 올바르게 전달되고 있는지 피드백을 받을 수 있다. 예컨대, 한 연설자가 자신의 연설 중 희망과 열정을 강조하는 부분에서 목소리가 지나치게 단조롭다고 지적받았다고 가정하자. AI는 그의 발성 패턴과 강약 조절을 조정하며 청중이 메시지에 감정적으로 연결될 수 있도록 피드백한다(Microsoft, 2023). 이는 단순히 발음의 교정을 넘어, 메시지가 연사의 의도대로 청중에게 감동을 줄 수 있는 수준으로 발전시켜 주는 역할을 하는 것이다. AI는 연설자의 음성 데이터를 분석해 감정 표현의 정확성을 평가하고, 더 효과적인 감정 전달 방법을 제안할 수 있다. IBM Watson Speech-to-Text는 연설자의 감정을 분석해 기쁨, 슬픔, 분노 등의 감정이 연설에 얼마나 반영되는지를 시각적으로 보여 준다. 이를 통해 연설자는 감정을 더 풍부하게 표현하는 방법을 연습할 수 있다. AI는 음성의 피치(pitch), 속도(speed), 강세(stress) 등을 분석해 감정적 요소를 추출한다. 예를 들어, 지나치게 단조로운 억양을 사용하는 경우 AI는 특정 문장에서 감정을 강조할 수 있도록 억양을 변화시키는 방법을 제안하기도 한다(Baird et al., 2021). 발음의 교정을 넘어, 메시지가 연사의 의도대로 청중에게 감동을 줄 수 있는 수준으로 발전시킨다.

또한, 억양과 리듬은 연설을 더욱 자연스럽고 듣기 쉽게 만드는 핵심 요소다. AI는 연설자의 억양 패턴을 분석하고, 강조해야 할 부분을 알려주거나 리듬을 조정하는 방법을 추천할 수 있다. 이를테면, Speeko AI는 연설자가 강조해야 할 단어와 문장을 시각적으로 표시하고, 연설자가 보다 자연스러운 리듬을 유지할 수 있도록 돕는다. AI는 자연어 처리 및 음성 분석 기술을 결합해 연설문의 구조와 연사의 음성을 비교하고, 가장 효과적인 억양 패턴을 제시할 수도 있다(Abimanto & Sumarsono, 2024).

음성뿐만 아니라 연설자의 제스처와 표정도 메시지 전달에 중요한 역할을 한다. AI는 연설자의 비언어적 표현을 분석하고 피드백을 제공할 수 있다. 예를 들어, AI Yoodli는 연설자의 영상 데이터를 분석해 적절한 손동작 사용 여부, 시선 처리, 표정의 자연스러움 등을 평가한다. 이를 통해 연설자는 보다 효과적인 보디랭귀지를 연습할 수 있다. 이 기술은 AI 기반 컴퓨터 비전을 바탕으로 연사의 표정, 손동작, 자세 등을 실시간 분석해 피드백을 제공할 수 있다(Microsoft, 2023).

퍼블릭 스피킹 개인 트레이너, AI

퍼블릭 스피킹에 적용되는 모든 AI의 공통점은 이른바 AI의 '개인화'가 가능하다는 점이다. 기존에는 전문적인 코치나 훈련자가 제공해야 했던 맞춤형 피드백을 AI는 손쉽게 실시간으로 제공한다. 연사는 자신의 약점을 객관적으로 파악할 수 있고, 끊임없는 반복 학습과 피드백을 통해 단기간 내에 효과적인 개선을 이룰 수 있다. AI의 도움을 받아 개선된 목소리와 표현력은 퍼블릭 스피킹만이 아니라 일상적인 대화에서도 연사의 자존감과 자신감을 높인다. 이는 단순한 기술적 향상을 넘어 인간적인 성장으로 이어진다.

음성과 표현력은 퍼블릭 스피킹의 필수적인 구성 요소다. AI 음성 훈련 프로그램, 억양 및 발음 교정 도구, 감정 표현 강화 기술은 연사의 약점을 극복하고, 역량을 극대화할 수 있는 기회를 제공한다. 퍼블릭 스피킹을 위한 AI는 누구나 쉽게 접근할 수 있도록 설계되어 있으며, 대중적 기술로 자리 잡으며 새로운 말하기 문화의 기반을 마련하고 있다. 이제 AI는 단순히 연사를 돕는 보조 수단이 아니라, 그들의 목소리와 표현력을 무대 위에서 빛나게 하는 강력한 파트너다. AI는 그저 단순한 활용 도구의 차원을 넘어서 인간 연사의 강점을 강화하는 역할까지 영향을 미칠 수 있다. AI 기반 스피치 훈련 프로그램을 활용하면, 연사는 반복적인 연습을 통해 자연스럽고 자신감 있는 퍼블릭 스피킹 스킬을 습득할 수 있다. 예를 들어, VirtualSpeech 프로그램 같은 경우는 VR 환경에서 AI가 가상의 청중을 생성하고 연설자의 말하기 능력을 실시간으로 분석해 피드백을 제공한다. 연설자는 마치 실제 연단에 선 것처럼 현장감과 몰입감을 느끼며 연습할 수 있다. AI는 연설 중 실시간으로 연사의 음성을 분석하고, 발음이나 억양을 보정하는 기능을 제공할 수도 있다. 라이브 스트리밍 연설에서 AI 기반 실시간 음성 보정 도구를 사용하면 발음이 명확하지 않은 부분을 자동으로 조정해 보다 전문적인 음성을 제공할 수도 있다. 그야말로 퍼블릭 스피킹의 기회가 있다면 누구나 최고의 개인 트레이너를 고용할 수 있게 된 것이다(Wang, 2020).

AI 기술은 퍼블릭 스피킹에서 무엇보다 음성과 표현력을 개선하는 강력한 도구로 자리 잡고 있다. 발음 교정, 음색 조절, 억양 분석, 감정 표현 강화, 비언어적 요소 분석 등 다양한 기능을 통해 연설자는 보다 명확하고 설득력 있는 커뮤니케이션을 수행할 수 있다.

물론 AI가 아무리 발전하더라도, 최종적으로 연설의 감동과 설득력은 결국 인간 연사의 진정성과 개성에 의해 좌우된다. AI는 연설자의 역량을 극대화하는 보조 도구로 활용되어야 하며, 이를 최대한 효과적으로 활용할 때 최고의 퍼블릭 스피킹이 가능해질 것이다.

퍼블릭 스피킹에 활용 가능한 AI 및 API

퍼블릭 스피킹에 도움을 줄 수 있는 다양한 AI 및 API (Application Performance Interface)가 존재한다. 현재 활용 가능한 주요 AI 및 API 도구는 대략 다음과 같다. 물론 여기에서 소개하는 것 외에도 이 분야에 관해 더 많은 지원 도구가 존재하고 있으며, 시간이 흐르고 기술이 발전해 갈수록 더 향상된 능력을 구현하는 AI 및 API가 등장하게 될 것임을 부연한다.

Yoodli

AI 기반의 스피치 코칭 도구로, 사용자의 연설을 분석해 실시간 피드백을 제공한다. 속도, 발음, 단어 사용 등을 평가해 연설 능력 향상에 도움을 준다. 또한, Zoom, Google Meet, Microsoft Teams와 같은 플랫폼과 통합되어 온라인 연설 연습에도 유용하다.

Unifire.ai

다양한 콘텐츠를 업로드하면 AI가 핵심 아이디어를 추출하고, 이를 기반으로 120가지 이상의 형식으로 재구성해주는 도구다. 이를 통해 발표 주제에 대한 다양한 관점을 얻고 자료를 효율적으로 준비할 수 있다.

Prezi

AI 기능이 향상된 대화형 프레젠테이션 플랫폼으로, 사용자가 시각적으로 매력적인 프레젠테이션을 만들 수 있도록 지원한다. AI는 제공된 콘텐츠를 기반으로 레이아웃과 디자인을 제안해 스토리텔링 측면을 개선해 준다. 이를 통해 청중의 참여를 높이는 프레젠테이션을 제작할 수 있다.

Otter.ai

Otter.ai는 AI 기반 실시간 전사 도구로, 사용자가 말한 내용을 텍스트로 변환해 준다. 이를 통해 자신의 연설을 기록하고, 나중에 분석해 개선할 수 있다. 또한, 회의나 토론 세션을 기록해 주요 논의 사항을 요약하고 공유하는 데 유용하다.

Fathom

Fathom은 AI 기반 회의 도우미로, 회의를 녹화하고 내용을 기록하며 핵심 논의 사항을 자동으로 요약해 준다. 이를 통해 토론 연습 세션을 분석하고 개선이 필요한 부분을 파악할 수 있다. 또한, 주요 비즈니스 도구와 연동되어 효율적인 협업을 지원한다.

Google Cloud Speech-to-Text API

이 API는 음성을 텍스트로 변환하여 연설 내용을 기록하거나 분석하는 데 유용하다. 최신 버전으로 업그레이드될 때마다 향상된 음성 인식 품질과 비용 효율성을 제공하고 있다.

Azure AI

Microsoft의 Azure AI는 음성 인식 및 텍스트 음성 변환 기능을 제공해 연설의 전사와 분석을 지원하고 있다. 또한, 사용자 지정 음성 모델을 통해 브랜드에 맞는 음성을 생성할 수 있다.

Google Text-to-Speech API

이 API는 200개 이상의 음성과 40개 언어로 텍스트를 자연스러운 음성으로 변환할 수 있다. 이를 통해 연설 내용을 오디오로 생성해 연습하거나 청중에게 제공할 수 있다.

Azure AI 음성 서비스

Azure의 TTS 기능은 자연스러운 음성을 생성하며, 사용자 지정 신경망 음성을 통해 브랜드에 맞는 음성을 만들 수도 있다.

Azure AI Immersive Reader

텍스트를 읽고 이해하는 데 도움을 주며, 소리 내어 읽기, 언어 번역, 강조 표시 등의 기능을 제공한다. 이를 통해 연설 내용의 접근성을 높이고, 청중의 이해도를 향상시킬 수 있을 것이다.

IBM Watson Tone Analyzer

이 서비스는 텍스트에서 감정을 분석해 연설의 톤과 감정을 평가하는 데 도움을 준다. 이를 통해 연설의 감정적 영향을 파악하고 조정할 수 있다.

Beyond Verbal

이 API는 음성에서 감정을 실시간으로 분석해 청중의 반응을 평가하거나 연설자의 감정 상태를 모니터링하는 데 사용될 수 있다.

Orai AI

AI 기반의 퍼블릭 스피킹 코칭 앱으로, 연설자의 음성을 분석해 피드백을 제공한다. 발음, 속도, 단어 사용 등을 평가해 연설 능력 향상에 도움을 준다.

이와 같이 이미 출시되어 있는 AI 및 API를 충분히 활용한다면, 각 도구의 기능과 특징을 고려해 필요에 맞게 선택해서 활용한다면 매우 다양한 측면에서 도움을 받을 수 있기 때문에 누구나 퍼블릭 스피킹 능력을 짧은 시간에 월등히 향상시킬 수 있다고 확신한다.

참고문헌

Abimanto, D. & Sumarsono, W.(2024). Improving English pronounciation with AI speech-recognition technology. *ACITYA journal of teaching & education*. 6(1), pp.146-156.

Baird, A. et al.(2021). Emotion recognition in public speaking scenarios utilising an lstm-rnn approach with attention. In In *2021 IEEE spoken language technology workshop (SLT)* (pp.397-402). IEEE. https://ieeexplore.ieee.org/document/9383542

Hong, J. et al.(2024). Development of an AI-based customized speech therapy application and its expected effects. In *Annual Conference of KIPS* (pp.1033-1034). Korea Information Processing Society.

Microsoft(2023). Azure cognitive services: Speech and emotion API. Microsoft Azure. http://learn.microsoft.com/ko-kr/azure/ai-services/speech-service/

Smith, L.(2023). *The future of voice training: AI solutions for enhanced communication*. Routledge.

Wang, Y. et al.(2023). A practical survey on emerging threats from

AI-driven voice attacks: How vulverable are commercial voice control system?. *arXiv preprint arXiv:2312.06010.*

05
청중 분석과 AI

AI는 청중 분석이라는 전통적 접근법을 데이터 중심의 과학으로 변화시키고 있다. 연사는 이제 직관과 경험을 넘어서 AI가 제공하는 정교한 분석과 전략을 통해 메시지를 더욱 정교하게 다듬고 전달할 수 있다. AI 기반 청중 분석은 연사가 청중과 더 깊게 연결될 수 있는 강력한 도구이며, 궁극적으로 퍼블릭 스피킹의 효과를 극대화하는 미래형 솔루션이다.

AI와 아이돌?

퍼블릭 스피킹의 대상은 청중이다

퍼블릭 스피킹의 성패는 '무엇을 말하는가'뿐만 아니라 '누구에게 말하는가'를 이해하는 데 달려 있다. 퍼블릭 스피킹의 실현 대상은 청중이다. 따라서 발화의 내용과 메시지는 그 대상인 청중의 성향, 관심사, 기대에 따라 미세하게 조정될 필요가 있다. 과거에는 청중 분석이 대체로 연사의 경험과 직관에 의존했지만, AI 기술의 발전은 연사의 청중 분석 전략을 혁신적으로 변화시키고 있다. AI는 방대한 데이터를 실시간으로 분석해 청중의 특성과 요구를 파악하고, 이를 기반으로 한 맞춤형 말하기 전략을 제시한다. AI를 통해 연사는 이제 데이터 기반의 과학적인 접근법으로 청중의 마음을 사로잡을 수 있게 되었다. AI는 청중의 반응을 실시간으로 분석하고, 감정 상태를 파악하며, 피드백을 제공함으로써 연설의 효과성을 높이는 데 기여하고 있다. 이 글에서는 AI 기반 청중 분석의 개념과 기술적 원리, 그리고 사회 분야별 활용 사례를 다루기로 한다.

자연어 처리와 감성 분석

AI의 자연어 처리 기술은 청중이 질문하거나 남긴 피드백을 분석해 그들의 관심사와 반응을 파악하는 데 사용된다. 감성 분석(sentiment analysis)은 청중의 언어적 표현에서 감정적 요소를 추출해 긍정적, 부정적, 중립적인 반응을 구분하는 데 활용된다. AI 챗봇을 통해 연설 전 청중의 기대감을 조사하고, 연설 후 피드백을 자동으로 분석해 연사의 메시지가 효과적으로 전달되었는지 평가할 수 있다. 또한 AI는 컴퓨터 비전 기술을 활용해 청중의 얼굴 표정과 신체 언어를 분석할 수 있다. 이를 통해 청중이 얼마나 연설에 흥미를 느끼는지, 지루해하는지, 또는 집중하고 있는지를 실시간으로 평가할 수 있다. 즉, 강연장에서 카메라를 통해 청중의 표정을 분석하고, AI가 연사에게 어느 대목에서 청중들의 흥미가 감소되었는지를 평가하거나 특정 슬라이드에서 청중의 반응이 좋았다는 등의 피드백을 제공할 수 있다. 청중의 음성 반응(박수, 웃음, 질문 빈도 등)을 분석해 참여도를 측정하는 AI 기술도 발전하고 있다. 특정 구간에서 청중의 반응이 활발했다면, 해당 부분이 효과적이었다는 피드백을 제공할 수도 있다. 아울러 대중 연설 후 AI가 녹음된 청중 반응을 분석해 연설 중 어느 부분에서 가장 많은 공감이 발생했는지 시각적으로 제공해 줄 수도 있다(De Laat et al., 2020).

사회 분야별 AI 기반 청중 분석 활용 사례

보다 구체적인 AI 기반 청중 분석에 접근하기 위해서 사회에서 이루어지는 여러 분야별 활용 사례를 다루어 보면 다음과 같다.

정치 및 대중 연설 분야

정치인은 유권자의 감정을 정확히 파악하고 효과적인 메시지를 전달해야 한다. AI 기반 청중 분석은 정치 연설의 전략을 수립하는 데 중요한 역할을 한다. 선거 유세에서 AI가 SNS 데이터와 현장 반응을 분석해 유권자의 주요 관심사를 도출하고, 연설 내용을 그에 맞게 조정하도록 돕는다. 또한, 연설 중 청중의 표정 및 음성 반응을 실시간으로 분석해 메시지 전달력을 평가할 수 있다.

기업 프레젠테이션 및 비즈니스 미팅 분야

기업 리더들은 투자자, 직원, 고객 등 다양한 이해관계자를 대상으로 발표를 진행해야 한다. AI는 비즈니스 프레젠테이션에서 청중의 반응을 정밀하게 분석해 보다 효과적인 커뮤니케이션을 가능하게 한다. 예를 들어, CEO가 신제품 발표를 하는 경우, AI를 활용해 청중의 반응을 분석함으로써 어떤 제품 기능이 가장 긍정적인 반응을 얻었는지를 도출할 수 있고, 이를 마케팅 전략에 즉시 반영할 수 있다.

교육 및 강의 분야

교육 현장에서 AI 기반 청중 분석은 교수와 강사가 학생들의 학습 집중도와 이해도를 파악하는 데 도움을 준다. 특히 온라인 강의에서 AI가 학생들의 웹캠 영상을 분석해 집중력이 떨어지는 순간을 감지하고, 강의 스타일을 조정할 수 있도록 실시간 피드백을 제공할 수 있다.

의료 및 심리 상담 분야

의료 및 심리 상담 분야도 사적인 대화가 아닌 공적인 말하기에 해당하는 영역이다. 따라서 의료 및 심리 상담 분야의 퍼블릭 스피킹에서도 AI 기반 청중 분석이 활용될 수 있다. 즉, 환자나 환자의 가족 그리고 상담자의 감정 변화를 실시간으로 분석해 맞춤형 서비스를 제공하는 데 기여할 수 있다. AI가 환자 등의 얼굴 표정과 음성 톤을 분석해 스트레스 수준을 측정하고, 의료진에게 피드백을 제공해 보다 공감적인 소통을 유도할 수 있다.

엔터테인먼트 및 미디어 분야

영화, 연극, 코미디 공연 등의 엔터테인먼트 분야에서도 AI 청중 분석 기술이 활용된다. 콘텐츠 제작자들은 AI를 통해 관객의 반응을 정량적으로 평가하고, 보다 몰입감 있는 공연을 기획할 수 있다(Carvalho et al., 2019).

AI가 코미디 쇼의 녹화 장면에서 웃음 빈도를 분석해 어느 장면이 가장 높은 호응을 얻었는지 판단하고, 이를 최종 편집에 반영할 수 있을 것이다.

AI 기반 청중 분석의 도전 과제

AI 기반 청중 분석이 발전하고 있지만, 여전히 해결해야 할 과제도 존재한다. 그와 같은 과제에 대해 살펴보면 다음과 같다.

먼저, 개인의 프라이버시 및 윤리적인 문제를 해결해야 한다. 청중의 얼굴, 음성, 언어 데이터를 수집하는 과정에서 개인 정보 보호에서 문제가 제기될 수 있다. AI 기술을 활용한 분석이 청중의 동의 없이 이루어진다면 윤리적 문제가 발생할 수 있기 때문이다.

또한, 감정 인식 기술의 한계도 있다. 현재 AI 감정 분석 기술은 정확성이 완벽하지 않다. 동일한 표정이나 음성 톤이 다른 감정을 의미할 수도 있으며, 문화적 차이에 따라 감정 표현 방식이 다를 수 있다. 아울러 데이터 편향의 문제도 간과할 수 없는 중요한 과제 중의 하나다. AI 모델이 특정 인종, 성별, 문화적 배경에 대해 편향된 결과를 제공할 가능성이 있기 때문이다. 이를 방지하기 위해 보다 포괄적인 데이터를 활용하고 지속적인 개선의 노력이 필요하다고 볼 수 있다.

청중 데이터 수집과 분석 방법

AI를 활용한 청중 분석은 다양한 기술과 단계를 통해 이루어진다. 기술적으로 청중 데이터를 수집하는 방법과 수집된 데이터를 분석하는 방법에 대해 살펴보면 다음과 같이 정리할 수 있다.

소셜 리스닝(social listening)

AI는 청중의 온라인 활동을 분석할 수 있다. 청중이 자주 언급하는 주제나 감정적 반응을 수집해 관심사를 파악하는 것이다. 예를 들어, 청중이 환경 문제에 높은 관심을 보이고 있음을 감지하면 연사는 ESG나 지속 가능성 주제를 강조하는 방향으로 전략을 조정할 수 있다.

데모그래픽 분석

AI는 청중의 나이, 직업, 교육 수준, 문화적 배경 등 인구 통계적 데이터를 분석해 메시지 톤과 내용을 조정한다. 기업 경영진과 대학생을 대상으로 같은 주제를 다룰 경우엔 연사의 언어 선택과 예시가 평소와 다르게 이루어져야 하는데, 그와 같은 상황에서 AI의 청중 분석은 매우 유용할 것이다.

감정 분석(sentiment analysis)

실시간 AI 분석 도구는 청중의 표정, 목소리, 반응 데이터를 감지해 청중이 연설 도중 어떻게 느끼고 있는지를 알려 준다. 이를 통해 연사는 청중의 반응에 따라 강조점을 변화시킬 수 있다. 예를 들어, TED 강연 연사가 AI 기반의 감정 분석 도구를 사용해 리허설을 진행했다고 가정해 보자. AI는 청중(테스터)의 감정 변화를 분석해 특정 지점에서 몰입도가 높아지는 순간과 주의가 흐려지는 부분을 알려 준다. 이 데이터를 바탕으로 연사는 메시지를 재배치하고 전달 전략을 최적화할 수 있을 것이다.

AI를 통한 청중 맞춤형 말하기 전략 수립

AI 분석 결과는 연사에게 구체적인 맞춤형 전략을 제시한다. AI는 청중이 선호하는 주제를 중심으로 메시지를 구성하도록 돕는다. 예를 들어, ESG 경영의 중요성을 연설하는 CEO가 20대 청중을 상대한다면, 기술 혁신과 지속 가능성의 연결점을 강조하는 전략이 더 효과적일 것이다.

어휘와 톤 조정

AI는 청중의 성향에 맞는 어휘와 톤을 제시한다. 전문적 용어를 줄이고 쉬운 언어로 설명해야 할지, 혹은 감정적이면서도 강한 톤이 필요한지를 알려 준다.

시각적 보조 도구 추천

AI는 청중의 데이터 분석을 바탕으로 어떤 시각적 자료(차트, 이미지, 비디오)가 가장 효과적일지 분석한다. 데이터로 뒷받침되는 시각적 요소는 청중의 이해와 몰입을 높이는 중요한 요소다.

기업 임원이 투자자 대상 발표를 앞두고 AI 도구를 활용하면, 투자자들이 자주 사용하는 경제 용어와 관심 분야를 도출해 보고서를 정교화하고 발표 시 핵심 데이터를 강조하도록 조언 받을 수 있다. 이러한 맞춤형 접근은 투자자에게 더 큰 신뢰와 설득력을 심어 준다.

청중 분석에 활용 가능한 AI 및 API

퍼블릭 스피킹에서 청중 분석은 연설의 효과를 극대화하기 위해 필수적인 요소다. 최근에는 AI 기술을 활용해 청중의 반응과 참여도를 실시간으로 분석하고, 이를 기반으로 연설 내용을 조정하는 것이 가능해졌다. 현재 출시되어 있는 청중 분석을 위한 AI 및 API 중 대표적인 것을 소개한다.

AI Insight

Encore사의 AI Insight는 정교한 하드웨어와 소프트웨어를 결합해 참가자의 행동과 선호도에 대한 익명화된 데이터를 수집하는 혁신적인 AI 기술이다. 이를 통해 연설자는 청중의 출석, 참여도, 참여 수준 등을 실시간으로 추적하고 분석할 수 있다. 또한, 실시간 피드백을 수집해 퍼블릭 스피킹을 청중 맞춤화하고 발화 스타일을 조정하는 데 도움을 받을 수 있다. 이러한 기능은 연설자가 청중의 반응을 이해하고 연설의 효과를 높이는 데 매우 큰 도움이 될 것이다.

Toplyne

Toplyne은 고객 데이터 통찰력을 사용해 청중을 구축하고 전환하기 위해 설계된 AI 기반 작업 공간이다. 스마트한 청중과 특정한 행동으로 사용자 기반을 키울 수 있도록 지원한다. 이를 통해 연설자는 청중의 행동 패턴을 분석하고, 그에 맞는 전략을 수립할 수 있다.

이러한 AI 도구들은 청중의 반응과 참여도를 실시간으로 분석해 연설자가 청중의 요구와 기대에 맞게 연설을 조정할 수 있도록 해 준다. 이를 통해 퍼블릭 스피킹의 효과를 극대화하고, 청중과의 소통을 강화할 수 있다.

참고문헌

Aulock, I.(2024). AI in audience behavior analysis: A comprehensive guide for 2024. https://penfriend.ai/blog/ai-in-audience-behavior-analysis#

Carvalho, A. et al.(2019). Off-the-shelf artificial intelligence technologies for sentiment and emotion analysis: A tutorial on using IBM natural language processing. ResearchGate. https://www.researchgate.net/publication/334582053_Off-The-Shelf_Artificial_Intelligence_Technologies_for_Sentiment_and_Emotion_Analysis_A_Tutorial_on_Using_IBM_Natural_Language_Processing

De Laat, M. et al.(2020). Artificial intelligence, real-time feedback and workplace learning analytics to support in situ complex problem-solving: a commentary. *International journal of information and learning technology*. 37(5), pp.267-277.

Google AI(2022). Natural language processing for audience sentiment analysis. Google AI Research.

Khanal, S. et al.(2018). Performance analysis of Microsoft's and Google's emotion recognition API using pose-invariant aces. In *Proceedings of the 8th international conference on software development and technologies for enhancing accessibility and fighting info-exclusion* (pp.172-178).

Shaffer, R.(2023). *Beyond the words: Audience-centric public speaking in the digital age*. Routledge.

06
윤리적 쟁점과 한계

AI와 퍼블릭 스피킹의 융합은 새로운 가능성과 한계를 동시에 내포하고 있다. 진정성 상실의 위험, 개인 정보 보호 문제, 기술 의존성이란 과제에 대응하지 못한다면 AI는 오히려 인간 연사의 역량을 약화시킬 수 있다. 기술은 인간의 도구이지 인간의 대체물이 아니어야 한다. AI와 연사는 상호 협력하며 각자의 역할을 명확히 함으로써 청중과의 더 깊은 소통을 이뤄야 한다.

AI와 야구?

첨단 기술과 윤리적 딜레마

21세기는 AI의 눈부신 발전과 함께 커뮤니케이션 전반에 혁신적인 변화를 가져오고 있다. 특히 퍼블릭 스피킹 분야에서는 AI 기술이 연설문 작성, 음성 분석, 청중 반응 예측, 피드백 제공 등 다양한 측면에서 연설자의 역량을 크게 보완해 주고 있다. 그러나 이러한 기술의 도입과 활용에는 분명 윤리적 쟁점과 한계가 존재하며, 이는 연설의 신뢰성, 공정성, 그리고 사회적 책임과 직결된다. 이 글에서는 퍼블릭 스피킹에서 AI 기술을 활용할 때 나타나는 주요 윤리적 쟁점과 한계를 다양한 사례와 예시를 통해 심도 있게 고찰한다. 먼저 AI가 퍼블릭 스피킹에 미치는 긍정적 영향과 함께 활용 현황을 살펴본 후, 윤리적 문제점과 기술적 한계, 그리고 이를 극복하기 위한 대안과 미래 전망에 대해 논의하고자 한다.

AI 활용의 긍정적 측면과 윤리적 고려의 필요성

AI의 도입은 앞에서 언급했듯이 퍼블릭 스피킹 분야에 여러 긍정적 효과를 가져왔다. 즉, AI 기반 도구는 자료조사, 연설문 작성, 감성 분석 등 복잡한 작업을 자동화해 연설자가 핵심 메시지에 집중할 수 있게 한다. 또한 AI는 연설자의 발음, 억양, 속도, 사용된 언어 등을 수치

화해 피드백을 제공함으로써 개선점을 명확히 제시한다. 아울러 AI는 청중의 표정, 음성, 제스처 등을 분석해 연설의 효과를 즉시 평가할 수 있도록 지원한다.

그러나 AI 기술을 활용하는 과정에서 윤리적 문제를 간과해서는 안 된다. AI가 제공하는 데이터와 분석 결과가 편향되어 있거나, 개인 정보 보호, 프라이버시 침해, 투명성 부족 등의 문제가 발생할 수 있기 때문이다. AI가 청중의 얼굴, 음성, 행동 데이터를 수집할 때, 개인의 동의 없이 이루어지거나 데이터가 오용될 경우 심각한 프라이버시 문제가 발생할 수 있음을 염두에 두어야 한다 (Huang, 2023)

AI 활용의 윤리적 쟁점

개인 정보 보호 및 프라이버시 문제

AI 기술은 대량의 데이터를 기반으로 작동한다. 퍼블릭 스피킹 환경에서 청중의 영상, 음성, 행동 패턴 등을 분석하는 경우에 개인 식별이 가능한 정보가 포함될 수 있으며, 이는 프라이버시 침해의 우려를 낳는다. 예를 들어, 국제회의에서 AI 기반 청중 분석 시스템을 도입했는데, 일부 참가자들이 자신들의 얼굴 데이터가 기록되고 분석되는 것에 대해 불만을 제기할 경우를 생각해 볼 수 있다. 이러한 문제에 대처하기 위해서는 청중에 대한 데이터 수집 및 활용에 관해 명확한 동의 절차와 투명한 정보 관리가 필요할 것이다.

데이터 편향과 불공정한 분석 문제

AI 모델은 학습 데이터에 기반해 작동하므로, 학습 데이터에 편향이 존재하면 그 결과 역시 편향된 판단을 내릴 수 있다. 이는 특정 인종, 성별, 문화적 배경을 가진 청중에 대해 부정확하거나 불공정한 분석을 초래할 위험이 있다. 만약에 어느 교육 기관에서 AI를 활용해 학생들의 반응을 분석하는 도구를 사용했으나, 일부 소수 민족 학생들의 감정 표현이 부정확하게 평가되어 교육 정책에 영향을 미치는 경우가 발생된다면 심각한 차별적 문제로 비화될 수 있다.

투명성과 책임 소재 문제

AI 시스템이 청중 데이터를 기반으로 분석 결과를 제공할 때, 그 알고리즘과 데이터 처리 방식이 불투명하면 결과에 대한 신뢰성이 떨어진다. 또한, AI가 잘못된 결론을 도출했을 경우 누가 책임을 질 것인지에 대한 문제가 발생한다. 기업 프레젠테이션에서 AI가 제공한 청중 분석 결과를 기반으로 중요한 전략 결정을 내렸으나, 결과가 부정확해 기업 이미지에 악영향을 미친다면 그 책임과 손해는 누가 감당해야 할 것인가. AI 도구 개발자인가 아니면 사용자(연설자)인가. 이처럼 데이터 제공자 간의 책임 소재가 모호해질 수 있는 문제가 발생할 수 있다.

AI 활용의 한계와 기술적 제약

AI 기술은 매우 빠르게 발전하고 있지만, 여전히 완벽한 인간의 감성과 상황 인식을 완전히 대체하기는 어렵다고 본다. 이에 따른 문제에 관해 나누어 살펴보면 다음과 같다.

음성 및 표정 분석의 오류

AI는 청중의 표정이나 음성 톤을 분석할 때 문화적 차이나 개인별 표현 차이를 완벽하게 반영하지 못할 수 있다. 예를 들어, 같은 표정이라도 문화에 따라 긍정적 또는 부정적으로 해석될 수 있다. 또한 사람에 따라서 다를 수 있긴 하지만, 대체로 인간의 표정은 극도의 기쁨을 표현할 때의 표정과 매우 고통스러울 때의 표정이 유사하게 발현되는 경우도 종종 경험하기 때문이다.

실시간 분석의 제약

대규모 청중을 대상으로 실시간으로 데이터를 분석하는 경우 시스템의 처리 속도와 정확도에 한계가 존재하며, 네트워크 지연 등의 문제로 피드백이 늦어질 수 있다. 따라서 실시간 이루어지는 즉각적 처리 기술에 기대어 전략을 수립했을 경우, 오히려 난감한 상황에 처할 수도 있을 것이다.

인간의 자율성 침해

AI의 분석 결과에 지나치게 의존하게 될 경우, 연설자나 조직이 인간의 직관과 창의성을 희생할 위험이 있다. 즉, AI가 제공하는 데이터와 피드백이 절대적인 기준으로 받아들여질 때 인간의 자율적인 의사 결정이 저해될 수 있다.

감시 사회의 우려

지속적인 청중 모니터링과 데이터 분석은 사회 전반에 '감시'라는 부정적 이미지를 줄 수 있으며, 이는 청중의 참여와 소통에 부정적인 영향을 미칠 수도 있다.

실제 적용 사례 가능성과 문제점

여기서는 퍼블릭 스피킹에서 AI를 실제로 청중 분석에 활용할 경우 나타날 수 있는 사례 가능성을 중심으로 몇몇 사회 분야별로 나누어 살펴보기로 한다(Mittelstadt, 2016).

정치 연설에서의 사례 가능성

어떤 정치인이 선거 유세를 위해 AI 기반 청중 분석 시스템을 도입해 연설 중 청중의 표정, 음성, 제스처 등을 실시간으로 모니터링했다고 가정해 보자. 연설자는 사전 청중 분석에 관해 AI의 도움을 받았고 특정 주제에서 청중의 반응이 긍정적임을 확인하고 그 부분을 더욱 강화해 메시지 전달력을 높였다고 생각했다. 하지만 그 과정에서 일부 청중이 자신의 데이터가 무단 수집되었다고 느끼며 개인 정보 침해에 대한 우려를 제기할 가능성이 있다. 결과적으로 이와 같은 문제가 해결되지 않는다면 해당 시스템 도입에 대한 반발이 있을 것으로 예상된다.

기업 프레젠테이션에서의 사례 가능성

한 글로벌 기업이 중요한 투자자 프레젠테이션에서 AI 기반 청중 분석 도구를 사용해 청중의 반응을 실시간으로 모니터링하고 프레젠테이션 내용을 유연하게 조정했다고 가정해 보자. AI를 통해 투자자들의 반응 데이터를 분석해 어느 부분에서 관심과 공감이 높았는지 확인하고, 이를 바탕으로 후속 전략을 수립하는 데 큰 도움을 받을 수 있을 것이다. 하지만 분석 도구가 일부 연령대나 문화권의 반응을 제대로 반영하지 못해 투자자 중 일부에서 결과에 불만을 제기한다면 문제가 발생할 수 있다. 이와 같은 문제를 미연에 방지하기 위해서 기업은 데이터 편향 문제를 해결하기 위한 추가적인 검증 절차의 마련이 필수적인 요소가 될 것으로 보인다.

교육 현장에서의 사례 가능성

대학 강의나 세미나에서 AI 도구를 활용해 학생들의 참여도와 감정을 분석하는 시스템이 도입되고 있다. 교수는 AI가 제공하는 실시간 피드백을 바탕으로 강의 진행 방식을 조정해 학생들의 이해도를 높일 수 있다. 그러나 일부 학생들은 자신의 영상과 음성 데이터가 분석되는 것에 대해 사생활 침해 우려를 표명할 수 있다. 이 경우 교육의 첫 단계에서부터 AI를 활용할 계획과 데이터 보호 및 활용 동의 절차에 관해 충분히 설명하고 학생들의 견해를 반영함으로써 추후 반발이 예상되는 문제의 발생을 미연에 방지해야 할 것이다.

윤리적 쟁점 및 한계를 극복하기 위한 방안

AI 사용 과정에서 발생하는 데이터 윤리 문제와 정당성에 대해서도 우리는 깊이 고민해야 한다. 이러한 논의는 AI와 함께하는 퍼블릭 스피킹이 지속 가능하고 책임감 있는 방향으로 나아가는 데 필수적이기 때문이다. 따라서 AI 시대 퍼블릭 스피킹의 긍정적인 효과를 최대화하기 위해 윤리적 쟁점 및 한계를 극복하기 위한 방안을 생각해 보기로 한다(Wachter & Mittelstadt, 2020).

투명한 데이터 관리 및 동의 절차 마련

청중 분석에 사용되는 데이터는 반드시 사전에 명확한 동의를 얻어야 하며, 수집된 데이터의 사용 목적, 보관 기간, 처리 방식 등을 투명하게 공개해야 한다. 기관이나 연설 주최 측은 데이터 수집 전 청중에게 개인정보 처리방침을 안내하고, 동의 여부를 명확히 해야 한다. 또한, 익명화된 데이터를 사용해 개인 식별이 불가능하도록 처리하는 것이 필요하다.

AI 모델의 공정성 및 편향성 개선

학습 데이터의 다양성과 포괄성을 확보하고, 정기적인 모델 검증과 업데이트를 통해 데이터 편향을 최소화해야 한다. AI 개발자와 사용자 모두가 지속적으로 모델의 성능과 편향 여부를 평가하고, 외부 전문가와 협력해 공정한 결과를 도출할 수 있는 알고리즘을 개발해야 한다.

인간 중심의 보완적 활용

AI의 분석 결과는 절대적인 기준이 아니라 보조 도구로서 활용되어야 하며, 최종 의사 결정은 연설자나 조직의 인간적 판단에 기반해야 한다. 연설자와 기획자는 AI가 제공하는 데이터를 참고하되 인간의 직관과 경험을 결합해 최종 전략을 수립해야 하며, 과도한 AI 의존을 경계해야 한다.

윤리적 기준 및 법적 규제 마련

국내외 정부 및 관련 기관은 AI 기반 청중 분석과 같은 기술 활용에 대한 윤리적 기준과 법적 규제를 마련해 기술의 오용이나 부정적 영향을 방지해야 한다. 학계, 산업계, 정부가 협력해 AI 윤리 가이드라인을 수립하고, 관련 법규를 강화하는 것이 필요하다.

정리

AI 기술은 퍼블릭 스피킹에서 연설 준비와 청중 분석을 혁신적으로 변화시키며, 연설의 효과성을 극대화할 수 있는 강력한 도구로 자리 잡았다. 그러나 그와 동시에 개인 정보 보호, 데이터 편향, 투명성 부족, 그리고 인간의 자율성 침해와 같은 윤리적 쟁점과 기술적 한계를 내포하고 있다. 여기서 다룬 사례와 논의를 통해 우리는 AI 기술이 제공하는 이점과 함께 반드시 해결해야 할 문제들을 인식할 수 있다. 앞으로 AI와 인간의 협업 모델을 보다 정교하게 구축하고, 윤리적 기준 및 법적 규제를 마련함으로써, AI를 보조 도구로 활용하는 동시에 인간의 창의성과 공감을 유지하는 방향으로 나아가야 할 것이다. 퍼블릭 스피킹의 미래는 AI 기술의 도움을 받으면서도, 그 본질인 인간 간의 소통과 감동을 잃지 않는 균형 잡힌 발전을 이루어야 할 것이다.

참고문헌

Floridi, L.(2022). *Ethics of artificial intelligence: Principles and challenges*. Oxford University Press.

Huang, C.(2023). An overview of artificial intelligence ethics. *IEEE Transactions on artificial intelligence*, 4(4), pp.799-819. https://ieeexplore.ieee.org/document/9844014

Jobin, A. et al.(2019). The global landscape of AI ethics guidelines. *Nature machine intelligence*, 1(9), pp.389-399.

Mittelstadt, B. D. et al.(2016). The ethics of algorithms: Mapping the debate. *Big Data & society*, 3(2), 2053951716679679.

Wachter, S. & Mittelstadt, B.(2020). A right to reasonable inferences: Re-thinking data privacy law in the AI age. *Columbia business law review*, 494.

07
교육 현장의 AI

AI의 도입은 퍼블릭 스피킹 교육에 혁신적인 기회를 제공한다. AI는 학습자의 원고 작성, 발음 교정, 청중 분석, 모의 발표 훈련에서 실질적이고 효과적인 도구로 자리 잡았다. 특히 대규모 수업에서의 맞춤형 피드백 부족이라는 한계를 보완하면서 학습자 개개인의 필요에 맞춘 학습 경험을 제공한다는 점에서 큰 의미가 있다.

AI와 윤동주?

교육은 피드백이다

4차 산업 혁명의 시대를 맞이하며 교육 현장은 AI 기술의 적극적인 활용으로 빠르게 변화하고 있다. 특히 대학의 퍼블릭 스피킹 수업에서 AI의 역할은 더는 부가적 도구가 아닌 핵심 요소로 자리 잡고 있다. AI는 학습자들의 발표 준비를 돕고, 개별화된 피드백을 제공하며 실전과 유사한 학습 경험을 가능하게 한다. 이로 인해 학생들은 보다 체계적으로, 또한 효율적으로 퍼블릭 스피킹 역량을 함양할 수 있게 되었다. 이러한 AI 기술의 활용 방식과 그에 따른 학습자의 반응 및 실질적 효과를 분석하면, AI가 교육 현장에 가져오는 혁신과 한계를 보다 명확히 확인할 수 있을 것이다.

기존의 퍼블릭 스피킹 교육 방식은 주로 교수자의 직접적인 피드백, 반복 연습, 녹음 및 녹화의 분석 등의 방법을 사용했으나, 최근 AI 기반 도구의 도입으로 더욱 정밀한 분석과 개인 맞춤형 교육이 가능해졌다.

이 글에서는 퍼블릭 스피킹 교육 현장에서 AI가 어떻게 활용되고 있는지 구체적인 사례와 함께 AI의 장점 및 한계를 분석하고, AI와 인간 교수자가 협력해 최적의 교육 방식을 구현하는 방안을 제시하고자 한다.

AI 기반 퍼블릭 스피킹 교육의 개요

퍼블릭 스피킹에서 가장 어려운 첫 단계는 무엇을 말할 것인지를 정리하는 일이다. 그리고 그 다음 단계로 어떻게 말할 것인지를 결정하는 일로 나아간다. AI 기술은 자연어 처리(NLP)를 통해 학습자의 주제에 맞는 키워드를 발굴해 줌으로써 준비 단계의 초안 작성에서 큰 도움이 될 수 있다. 예를 들어, 이미 보편화되어 있는 AI 기반 글쓰기 보조 프로그램들은 학생들이 주어진 주제에 대해 주요 논점과 관련된 예시를 빠르게 도출할 수 있도록 해준다. 특정 발표 주제를 프롬프트에 입력하면 AI는 주제와 관련된 통계자료, 인용문, 사례 등을 즉시 제공하여 줌으로써 보다 논리적이고 설득력 있는 원고가 완성될 수 있도록 도와준다.

학생들은 이러한 AI의 지원을 통해 시간 소모를 줄이고 메시지 구조화에 집중할 수 있다. 이는 막연한 불안감을 줄이며 발표의 논리성과 명확성을 높이는 효과를 가져온다. 아울러 전체적 완성에 대한 부담감에서 벗어날 수 있기 때문에 발표자는 자신만의 창의적 발상과 시도에 집중할 수 있게 된다.

퍼블릭 스피킹 교육은 말하기의 내용뿐만 아니라 전달 방식, 즉 목소리 톤, 억양, 속도, 제스처, 시선 처리 등을 포함해 종합적으로 평가해야 하므로 기존의 수업 방식으로는 객관적인 분석이 어려운 경우가 많았다. 그러나 AI의 등장으로 이와 같은 어려움이 상당 부분 손쉽게 해소되어 교육 현장의 분위기와 교육의 결과에서 매우 유의미한 변화를 가져오고 있다. 이와 관련된 사항에 대해서 부분별로 정리해 보자면 다음과 같다(Fitria, 2021).

음성 및 발음 분석

AI가 연사의 발음을 분석하고 피드백을 제공한다. 이는 기존의 교육 현장에서 교수자 입장에서 이루어지는 주관적 평가를 객관적 데이터에 입각해 분석함으로써 매우 구체적인 차원의 개선점을 파악할 수 있게 해 준다. AI 도구를 활용하면 사용자의 발음을 AI가 분석하고 교정해 준다. 또한 연설자의 톤, 억양, 속도를 분석해 자연스러운 발음으로 개선하도록 돕는다.

표정 및 제스처 분석

연사의 비언어적 표현을 AI가 분석해 준다. 이는 교육 현장에서 교수자가 놓칠 수 있는 피드백을 보완하는 역할을 담당함으로써 기존에 이루어졌던 피드백보다 훨씬 유용하게 보충해 주거나 개선점을 명확히 특정할 수 있도록 하는 데 도움을 준다. AI 도구는 스피치 중 사용자의 제스처와 표정을 분석해 조언을 제공하고 연사의 시선 처리와 신체의 움직임을 분석한다.

개인 맞춤형 교육

퍼블릭 스피킹 수업에서 교수자의 개별 피드백은 필수적이지만 대규모 수업에서는 시간적 · 물리적 한계가 존재한다. 기존의 교육 현장에서 이루어지는 피교육자에 대한 피드백은 주로 일반적인 사항에 머무르는 경우가 많다. 그 이유는 시간적 · 물리적 한계라는 문제도 있겠지만, 사실상 교수자가 특정한 개인을 향한 구체적인 피드백의 실현에 부담을 느끼는 측면도 크게 작용한다. 피교육자가 받을 심리적 위축과 타격을 우려하기 때문이다. 이러한 상황에서 AI를 활용한 피드백은 매우 도움이 될 것이다. AI의 분석은 객관성과 일관성 등을 유지하기에 그동안 교수자의 우려로 인해 실행하지 못했던 구체적인 피드백이 가능해지게 된 것이다. 아울러 피교육자의 실력과 수준에 따라서 맞춤형 연습 및 코칭이 원만하도록 교육 현장의 분위기를 만들어 갈 수 있는 점도 큰 장점이 될 것이다.

퍼블릭 스피킹 교육 현장에서 도움이 될 수 있는 AI와

API 도구들을 분야별로 정리해 보면 다음과 같다.

발음 및 음성 분석: ELSA Speak, Speeko, Orai

연설문 작성 및 텍스트 교정: Grammarly, ChatGPT (OpenAI API)

음성 전사 및 텍스트-음성 변환: Google Cloud Speech-to-Text API, Google Cloud Text-to-Speech API, Microsoft Azure Speech Service

감정 및 비언어적 표현 분석: IBM Watson Tone Analyzer, Hume AI, Affectiva

청중 반응 분석 및 기록: Otter.ai, Fathom, Microsoft Azure Face/Emotion API

통합 교육 플랫폼: Yoodli, Orai

실제 활용 예시

퍼블릭 스피킹 관련 교과목을 개설해 커리큘럼에 반영하고 있는 대학에서 실제로 AI는 활발히 활용되고 있다. 예를 들어, 미국 MIT대학교는 AI 기반 스피치 코칭 프로그램을 개설 중인데, AI 기반 스피치 코칭 도구를 활용해 학생들에게 실시간 피드백을 제공하고 있다. 학생들의 스피치 실습을 녹음 및 녹화한 후 AI가 음성 톤, 속도, 발음 등을 분석해 개인별 개선점을 제공하고 있다. 그 결과로 학생들의 발음과 발표 태도가 30% 이상 개선된 것으로 나타났다(Maher, 2023).

한국에서는 처음으로 "스피치와 토론"이라는 공적 말하기에 속하는 교과목을 커리큘럼에 도입해 성공적으로 안착시킴으로써 국내 대학의 공적 말하기 교육을 선도해 온 성균관대학교에서도 이미 일부 강의에서 AI 기반 스피치 실습 교육을 도입해 실행하고 있으며, 이를 전체 말하기 영역의 강좌로 확대하려 계획하고 있다. 물론 AI 기반 분석 시스템을 도입해 학생들이 반복 연습 후 AI 피드백을 반영하도록 한 결과 학생들의 자신감이 이전에 비해 월등히 향상되었고 발표 능력도 현저히 개선된 것으로 나타나고 있다. 앞으로 공적 말하기 강의에 AI 분석 시스템을 접목한 결과로 나타나는 교육적 효과를 데이터로 확인할 수 있을 것이라 확신한다.

물론 학교의 교육 현장에서뿐만 아니라 기업에서 이루어지는 퍼블릭 스피킹 관련 교육에서도 AI는 적극적으로 활용되고 있다. 그 대표적인 사례로 구글(Google)의 AI 스피치 코칭 프로그램을 들 수 있다. 구글은 내부 프레젠테이션 교육에서 AI 코칭 도구를 도입해 직원들의 발표 능력을 개선하고 있다. 그 결과 구글은 회사 직원들의 발표 능력이 향상됨은 물론이고 고객을 대상으로 이루어지는 프레젠테이션에서 상당한 개선 효과가 이루어졌다고 말하고 있다(Google Research, 2021).

AI 기반 퍼블릭 스피킹 교육의 한계

AI 기반 교육 도구들은 객관적인 데이터와 실시간 피드백을 제공해 연설자들이 자신의 발표 능력을 개선할 수 있도록 돕는다. 그러나 이러한 AI 도구의 도입은 많은 장점을 제공하는 동시에 몇 가지 한계와 문제점을 내포하고 있다(University of San Diego Online 사례 참고). 여기서는 AI 기반 퍼블릭 스피킹 교육이 지닌 한계들을 구체적인 예시를 통해 분석하고, 그 원인과 개선 방안을 함께 모색해 보고자 한다. 특히, 감성적 피드백의 부족, 문화적 다양성의 미반영, 데이터 편향 및 기술적 제약 등 AI 교육 시스템이 가진 문제점을 중점적으로 살펴볼 것이다.

감성적 피드백의 한계

AI 도구는 주로 음성 분석, 텍스트 교정, 비언어적 행동 분석과 같은 정량적인 데이터를 기반으로 피드백을 제공한다. 예를 들어, Orai나 Yoodli와 같은 스피치 코칭 앱은 연설자의 발음, 속도, 억양, 그리고 제스처를 분석해 구체적인 수치와 개선 사항을 제시한다. 그러나 이러한 시스템은 연설자가 전달하고자 하는 감정이나 미묘한 정서를 완벽하게 포착하지 못하는 경우가 많다.

대학에서 진행한 발표 수업에서, 학생들은 AI 기반 피드백 도구를 통해 자신의 발음과 억양 개선에 도움을 받았지만, 동시에 감정 전달이나 공감 형성 측면에서는 인간 교수자의 조언이 부족하다는 지적이 있었다. 학생들은 "AI가 숫자와 통계로 피드백을 주긴 하지만, 발표에서 감지할 수 있는 '열정' 같은 감성적 요소나 지지는 느낄 수 없다"라고 평가했다. 이처럼 AI가 제공하는 피드백은 객관적인 측면에서는 유용하지만, 발표에서 가장 중요한 요소 중 하나인 감성적 공감대 형성에서는 한계가 있어 보인다.

문화적 다양성과 맥락 인식의 한계

퍼블릭 스피킹은 문화적 맥락과 청중의 배경에 따라 매우 달라질 수 있다. AI 도구들은 주로 대량의 데이터를 기반으로 학습하므로, 특정 문화나 언어, 사회적 맥락을 충분히 반영하지 못할 수 있다. 미국과 유럽 등 서구권의 데이터를 주로 학습한 AI 모델은 동아시아나 기타 문화권에서 나타나는 미묘한 제스처나 표현 방식, 언어적 뉘앙스를 제대로 이해하지 못하는 경우가 있다. 한 국제 교육 기관에서 AI 기반 스피치 코칭 도구를 도입한 후, 제공된 피드백이 자신의 문화적 특성을 무시하는 것이라는 아시아계 학생들의 불만 제기 사례가 보고되기도 했다. 이와 같이 다양한 국가로부터 한국의 대학교에 유학 오는 학생들이 늘어 가는 현실에서, 문화적 다양성을 충분히 반영하지 못하는 AI 시스템은 교육 효과에 부정적인 영향을 미칠 수 있다고 본다.

데이터 편향과 윤리적 문제

AI 모델은 학습 데이터에 의존하기 때문에, 데이터 편향이 결과에 직접적인 영향을 미친다. 만약 AI 교육 도구가 특정 성별, 인종, 연령층 등 제한된 데이터로 학습되었다면, 그 결과 역시 편향된 피드백을 제공할 가능성이 크다. 미국의 한 기업에서는 AI 기반 발표 코칭 시스템을 도입한 결과, 남성 직원들의 발표 스타일에는 긍정적인 피드백을 주는 반면에 여성 직원들의 발언 스타일을 부정적으로 평가하는 경향이 나타났다. 이러한 사례는 데이터 편향으로 인한 윤리적 문제와 더불어 AI 시스템의 객관성에 대한 신뢰성을 저하시킬 수 있음을 보여 준다.

또한, 청중이나 학생들의 음성, 얼굴 영상, 행동 데이터 등 민감한 개인 정보를 수집·분석하는 과정에서 프라이버시 침해나 개인 정보 보호 문제도 중요한 윤리적 쟁점으로 대두된다. 이러한 문제들은 AI 기반 교육 시스템이 발전함에 따라 반드시 해결해야 할 과제다.

기술적 제약과 실시간 분석의 한계

현재의 AI는 많은 발전을 이루었으나 여전히 인간의 복잡한 감정과 상황을 완벽하게 이해하고 반영하는 데에는 한계가 있다. 실시간 분석의 정확도와 처리 속도, 그리고 데이터의 실시간 업데이트 문제 등이 그러한 기술적 제약에 해당한다. 한 발표 연습 세션에서 AI 도구가 실시간으로 청중의 반응을 모니터링하고 피드백을 제공하도록 설계되었지만 네트워크 지연이나 데이터 처리 오류로 인해 실시간 피드백이 지연되는 사례가 발생했다. 이로 인해 연설자는 즉각적인 반응을 받지 못해 발표 도중 적절한 수정이 어려웠으며, 교육 효과가 떨어지는 결과를 초래했다. 또한, 표정이나 제스처 같은 비언어적 표현에 관한 데이터 분석의 경우, 다양한 변수와 복잡한 상황을 고려해야 하기 때문에 AI가 이를 완벽하게 처리하기는 어렵다. 따라서 기술적 제약으로 인한 한계는 퍼블릭 스피킹 교육 현장에서 AI 도구의 신뢰성을 저해하는 요소로 작용할 수도 있다.

정리

AI 기반 퍼블릭 스피킹 교육은 연설 준비와 발표 능력 향상에 큰 도움을 주는 혁신적인 도구다. 그러나 감성적 피드백의 부족, 문화적 다양성 미반영, 데이터 편향, 기술적 제약 등 여러 한계를 지니고 있다. 이러한 한계는 AI 도구만의 문제라기보다는 기술 발전의 과정에서 나타나는 자연스러운 문제로 볼 수 있다. 앞으로 AI와 인간 교수자가 상호 보완하는 협업 모델, 다양한 데이터를 활용한 공정한 AI 모델 구축, 그리고 윤리적 가이드라인 마련을 통해 이러한 한계를 극복할 수 있을 것이다. 교육 현장에서 AI 도구를 효과적으로 활용하면서도 인간의 창의성과 감성적 지도력을 결합할 때, 퍼블릭 스피킹 교육은 더욱 풍부하고 효과적인 방향으로 발전할 것으로 기대된다.

AI의 발전과 함께 우리는 단순히 기계의 피드백에 의존하는 것이 아니라, 이를 보완하는 인간의 지혜와 경험을 결합해 미래의 발표자들이 진정한 소통 능력을 갖출 수 있도록 해야 한다. 그렇게 할 때 AI 기반 퍼블릭 스피킹 교육은 한계 극복과 함께 한층 더 높은 교육 효과를 실현할 수 있을 것이다.

이처럼 AI 기반 퍼블릭 스피킹 교육의 한계와 그에 따른 문제점, 그리고 개선 방안을 다양한 예시와 함께 분석해 보았다. 앞으로의 연구와 협력을 통해 이러한 한계들이 점차 해결되고, AI와 인간의 협업이 최적의 교육 환경을 마련하는 데 기여할 수 있기를 기대한다.

참고문헌

Fitria, T.(2021). Artificial intelligence (AI) in education: Using AI tools for teaching and learning process. In *Prosiding Seminar Nasional & Call for Paper STIE AAS* (pp.134-147).

Maher, J.(2023). Personalized learning through AI. *Advances in engineering innovation*, 5, pp.16-19.

University of San Diego Online. 39 Examples of artificial intelligence in education. https://onlinedegrees.sandiego.edu/artificial-intelligence-education/

VirtualSpeech.(2021). Using virtual reality and AI to improve public speaking confidence. VirtualSpeech Research Report. https://uk.linkedin.com/company/virtualspeech

08
토론과 AI

퍼블릭 스피킹 교육 분야에서 스피치 커뮤니케이션과 더불어 중요하게 다루어지는 것이 디베이트 커뮤니케이션이다. 공통점은 둘 다 최종 설득 대상이 청중이라는 점이다. 하지만 직접적으로 청중을 향하느냐, 상대를 통해 청중을 향하느냐에 따라 설득의 방식이 달라진다. AI 기술은 스피치뿐만 아니라 디베이트에서도 커뮤니케이션을 더욱 풍부하고 영향력 있는 방향으로 이끌어 줄 것이다.

AI와 한의학?

토론 커뮤니케이션의 이해

우선 여기서 다루고자 하는 토론이란 구체적으로 discussion이 아니라 debate를 말한다. 다시 말해서, 보다 퍼블릭 스피킹의 의미를 뚜렷하게 함의하고 있는 debate, 즉 대립 토론을 뜻한다. 대립 토론은 우리가 사고하고 논증하는 방식의 핵심을 이루며, 다양한 사회적 맥락에서 중요한 역할을 한다. 특히 대립 토론의 유형은 다루는 주제와 논증 방식에 따라 사실 토론, 가치 토론, 정책 토론으로 나뉜다. 사실 토론은 객관적 사실의 진위를 다투는 논쟁이며, 가치 토론은 도덕적 · 윤리적 가치를 중심으로 논의하는 방식이다. 반면, 정책 토론은 특정 정책이나 제도의 실행 여부와 그 영향을 검토하는 토론이다. 우선 이러한 세 가지 토론의 특성을 구체적인 예시와 함께 정리해 보기로 한다.

사실 토론

사실 토론은 현실에서 발생한 사건이나 정보의 진위를 논증하는 과정이다. 객관적인 증거와 자료를 바탕으로 결론을 도출하는 것이 핵심이며, 논리적 오류나 주관적 해석을 배제하는 것이 중요하다.

법정에서 이루어지는 재판이 대표적인 사실 토론의

례다. 형사 재판에서는 피고인의 유죄 여부를 가리기 위해 검찰과 변호인이 논쟁을 벌인다. 예를 들어, "A가 B를 살해했는가?"라는 질문이 법정에서 다뤄질 때, 검찰은 범행 당시 A가 사건 현장에 있었다는 증거(CCTV 영상, 목격자 증언 등)를 제시하며 유죄를 주장할 수 있다. 반면, 변호인은 CCTV 영상의 화질이 흐려 신원이 명확하지 않다는 점이나 목격자의 증언이 신뢰할 수 없다는 점을 들어 반박할 수 있다. 결국, 사실 토론은 객관적인 증거와 논리를 통해 진실을 밝혀내는 과정이다.

가치 토론

가치 토론은 단순한 사실 여부를 넘어, 무엇이 도덕적이고 바람직한지에 대한 논의를 중심으로 전개된다. 이러한 토론에서는 객관적인 증거도 중요하지만 개인이나 사회가 지향하는 가치관이 중요한 요소로 작용한다.

사형 제도를 둘러싼 논쟁이 대표적인 가치 토론의 사례다. "사형 제도는 정당한가?"라는 질문에 대해 찬성 측은 "사형은 흉악 범죄를 예방하고 사회 정의를 실현하는 데 필수적이다"라고 주장할 수 있다. 반면, 반대 측은 "국가는 개인의 생명을 빼앗을 권리가 없으며, 사법 오류로 인해 무고한 사람이 희생될 가능성이 있다"라고 반박할 수 있다. 이 논쟁은 단순히 사형 제도가 존재하는지의 여부(사실)가 아니라, 사형 제도가 윤리적으로 정당한지라는 가치 판단이 중심이 된다.

가치 토론은 사회적 합의를 도출하는 데 중요한 역할을 한다. 법과 제도의 기반이 되는 윤리적 기준을 설정하고, 사회가 어떤 방향으로 나아가야 하는지 고민하는 과정이기 때문이다.

정책 토론

정책 토론은 특정 사회 문제를 해결하기 위한 정책이나 제도의 필요성과 효과를 논의하는 과정이다. 이는 사실 토론이나 가치 토론과 달리 실질적인 해결책을 모색하는 데 초점을 둔다. 예를 들어, "최저 임금을 20% 인상해야 하는가?"라는 주제를 둘러싼 논쟁을 생각해 보자. 찬성 측은 "최저 임금 인상은 저소득층의 생활 안정에 기여하고 경제 활성화를 유도할 것이다"라고 주장할 수 있다. 반면, 반대 측은 "급격한 최저 임금 인상은 중소기업의 부담을 가중시키고, 결국 고용 감소를 초래할 수 있다"며 반박할 수 있다. 여기서 중요한 것은 단순히 최저 임금이 존재하는지(사실)나 최저 임금이 윤리적으로 정당한지(가치)가 아니라, 실제로 최저 임금을 인상했을 때 어떤 결과가 초래될 것인지에 대한 분석과 논증이다.

정책 토론은 사회 문제를 해결하기 위한 실질적인 방안을 논의하는 과정이므로 논리적 타당성과 실현 가능성이 핵심이 된다. 단순한 의견 교환이 아니라 구체적인 데이터, 경제적 영향, 법적 가능성 등을 종합적으로 고려해야 하는 논의라는 점에서 차별화된다.

이와 같이, 사실 토론, 가치 토론, 정책 토론은 각각 다른 방식으로 사회적 문제를 다룬다. 법정에서는 진실을 밝히기 위한 사실 토론이 중요하며, 윤리적 · 철학적 문제를 논의할 때는 가치 토론이 핵심이 된다. 반면, 사회적 해결책을 모색할 때는 정책 토론이 필수적이다.

이러한 토론의 차이를 이해하는 것은 효과적인 논리적 사고를 기르는 데 도움이 된다. 우리가 어떤 문제를 논의할 때, 단순히 주장만 하는 것이 아니라 '이 논쟁은 사실에 대한 것인가? 가치 판단의 문제인가? 아니면 정책적 해결책을 찾는 과정인가?'를 먼저 구분해야 한다. 이를 통해 우리는 보다 정교하고 설득력 있는 논증을 펼칠 수 있으며, 합리적인 결론을 도출할 수 있다. 결국, 올바른 토론의 방식은 민주적인 사회를 유지하고 발전시키는 데 필수적이다. 우리는 각 유형의 토론 방식을 숙지하고 활용함으로써 보다 깊이 있는 사고를 하고 사회적 논의를 보다 생산적으로 이끌어 갈 수 있을 것이다.

토론의 준비 단계에서 AI의 활용

오늘날 급변하는 정보화 사회에서는 토론 능력이 단순한 말하기 기술을 넘어 비판적 사고, 문제 해결, 설득력 있는 커뮤니케이션 능력 등 다양한 역량을 요구한다. 전통적으로 토론 교육은 강의, 모의 토론, 피드백 세션 등을 통해 진행되어 왔지만, AI의 발전은 토론의 준비, 실행, 피드백 전 과정에 혁신적인 변화를 가져오고 있다. AI는 방대한 데이터를 신속하게 분석하고 개인별 맞춤 피드백을 제공하며, 실시간 상황 모니터링 및 평가가 가능해 학생들과 토론 참가자들이 보다 체계적이고 객관적인 학습을 할 수 있도록 지원할 수 있다(Choi et al., 2019).

여기서는 AI를 활용한 토론 교육의 세 가지 주요 단계를 살펴본다. 첫째, 토론 준비 단계에서는 AI 도구를 활용한 자료 수집, 논거 구성, 팀원 간의 역할 분담 및 전략 수립을 논의한다. 둘째, 토론 실행 단계에서는 실시간 음성 및 비언어적 분석, 토론 시뮬레이션, 청중 반응 모니터링 등 AI의 도움을 받는 방법을 소개한다. 셋째, 토론 후 피드백 단계에서는 AI를 통한 발표 영상 및 음성 데이터 분석, 감정 분석, 개선점 도출 과정 등을 살펴본다. 더불어 사실 토론, 가치 토론, 정책 토론 등 토론의 유형별로 AI 활용 방식의 차이점과 특수한 적용 사례를 구체적으로 분석할 것이다.

자료 조사와 정보 수집

토론 준비의 첫 단계는 신뢰할 수 있는 자료와 정보를 수집하는 것이다. AI 기반의 데이터 마이닝 및 자연어 처리 기술은 방대한 온라인 데이터, 학술 논문, 뉴스 기사 등에서 관련 정보를 신속하게 추출할 수 있다.

학생들은 토론 주제에 대해 AI를 활용해 다양한 관점의 논거와 근거 자료를 얻을 수 있다. 예를 들어, '기후 변화의 원인과 대응책'에 대해 사실 토론을 준비할 때, AI는 최신 연구 결과와 통계 자료, 그리고 국제 협력 사례 등을 제공할 수 있다. AI를 활용한 검색 도구는 토론 주제와 관련된 논문과 데이터를 자동으로 정리해 학생들이 핵심 정보를 빠르게 파악하도록 도울 수 있다.

논리 구조 및 주장 구성

토론에서는 체계적인 논리 전개와 명확한 주장 제시가 필수적이다. AI 도구는 주제별로 논리 구조를 자동으로 분석하고, 주장과 근거를 구성하는 데 도움을 줄 수 있다. 학생들이 작성한 토론 초안을 AI 도구로 교정하면 문법 오류는 물론이고 논리적 연결과 표현 방식도 개선할 수 있다. 또한 AI가 제공하는 템플릿과 예시를 활용해 사실 토론에서는 객관적 데이터에 기반한 주장, 가치 토론에서는 윤리적 · 정서적 논거, 정책 토론에서는 비용-편익 분석에 기반한 주장을 구성할 수 있다.

팀원 간 역할 분담과 전략 수립

토론 준비에서는 팀원 간의 역할 분담 및 전체 전략 수립도 중요한 부분이다. AI 기반 협업 도구는 팀원들의 강점과 약점을 분석해 각자에게 최적의 역할을 배정하고 토론 전략을 수립하는 데 기여할 수 있다.

AI가 팀원들의 과거 발표 데이터나 작성한 토론 자료를 분석해 누가 어떤 역할(주장 준비, 반박 준비, 자료 조사)을 맡으면 효과적인지를 추천한다. 또한, 팀 회의에서 AI가 실시간으로 논의 내용을 요약하고 중요한 포인트를 강조해 전략 수립에 도움을 주는 기능을 제공한다.

토론 실행 단계에서의 AI 활용

실시간 음성 및 비언어적 분석

토론 실행 단계에서는 리더와 팀원들이 실제로 토론에

임하면서, 자신의 말하기 방식과 비언어적 표현(표정, 제스처, 시선 처리 등)을 개선할 필요가 있다. AI 기반 스피치 코칭 도구는 연설자의 음성, 억양, 속도 등을 실시간으로 분석하고 피드백을 제공한다. 몇몇 AI 도구를 활용하면 토론 중 연설자의 발음, 속도, 특정 단어 사용을 실시간으로 분석해 화면에 피드백을 보여 준다. 특히, 긴장 상태에서 발생하는 불필요한 말버릇이나 억양의 부자연스러움을 개선하는 데 도움을 준다. 아울러 실시간 카메라 분석을 통해 발표 중 청중의 표정 변화를 감지하고, 토론자가 청중의 반응에 맞게 메시지를 조정할 수 있도록 지원할 수 있다(Google Cloud, 2023).

토론 시뮬레이션 및 리허설

AI를 활용한 토론 시뮬레이션 도구는 실제 토론 환경과 유사한 상황을 만들어 학생들이 연습할 수 있도록 한다. 이를 통해 학생들은 다양한 시나리오에서 전략을 테스트하고, 실전에 가까운 경험을 쌓을 수 있다. AI가 가상의 청중을 생성하고, 학생들의 토론 상황을 시뮬레이션해 실시간 피드백과 점수를 제공한다. 이를 통해 토론자들은 자신들의 주장과 반박 전략을 실제 상황에 맞게 조정할 수 있다. AI 기반 토론 시뮬레이터를 활용하면 다양한 토론 주제와 상황을 제공하며, 학생들이 제한된 시간 안에 논리를 전개하고 반박하는 연습을 할 수 있도록 돕는다.

토론 피드백 단계에서의 AI 활용

발표 영상 및 음성 데이터 분석

토론 후 피드백 단계에서는 학생들이 자신의 발표 영상을 다시 보며 개선점을 도출하는 과정이 중요하다. AI 기반 영상 분석 도구는 연설자의 음성, 표정, 제스처, 시선 등을 정밀하게 분석해 구체적인 개선 피드백을 제공한다. AI 음성 분석 도구로 토론 세션을 녹음한 후 자동 전사를 생성해 학생들이 자신의 발언 내용을 분석하고 논리적 흐름이나 사용된 어휘를 개선할 수 있도록 돕는다. 토론 영상을 업로드하면 AI가 학생들의 비언어적 표현과 청중 반응을 분석해 어느 부분에서 효과적이었고 개선이 필요한지 시각적으로 리포트를 제공할 수도 있다.

감정 및 비언어적 피드백 분석

AI는 학생들의 토론 후 감정 분석 및 비언어적 피드백을 통해 발표자의 신뢰도, 열정, 공감 능력 등을 평가할 수 있다. 토론 텍스트와 음성 데이터를 분석해 학생들이 전달한 메시지의 감정적 어조와 톤을 평가하고, 보다 긍정적이고 설득력 있는 표현을 위한 개선 방향을 제시한다. 또한 발표 영상에서 학생들의 표정과 제스처를 분석해 자신감, 긴장도, 공감 표현 등의 미세한 감정 변화를 파악하고 개선할 수 있도록 피드백을 제공한다.

종합 피드백과 학습 관리 시스템

AI 기반 학습 관리 시스템(LMS)은 학생들의 토론 기록, 피드백, 개선 사항 등을 통합 관리해, 장기적인 학습 경로를 제시하고 맞춤형 학습 계획을 수립하는 데 도움을 준다. AI가 제공하는 피드백 데이터를 기반으로 학생 개인별 강점과 약점을 분석해 맞춤형 학습 자료와 추가 연습 과제를 자동 추천하는 시스템이 도입되고 있다. 이 시스템에는 학생들이 자신의 발전 추이를 그래프로 확인하고 향후 목표를 설정할 수 있도록 지원하는 기능이 포함되어 있다(Zimmerman, 2018).

토론 유형별 AI 활용

토론은 주제와 목적에 따라 여러 유형으로 구분된다. 여기서는 사실 토론, 가치 토론, 정책 토론 등 주요 토론 유형에 대해 AI가 각 단계에서 어떻게 활용될 수 있는지 살펴본다.

사실 토론과 AI

사실 토론은 객관적인 데이터, 통계, 연구 결과 등을 바탕으로 주장을 전개하는 토론이다. 준비 단계에서 AI 도구를 통해 신뢰할 만한 학술 자료, 통계 데이터, 최신 연구 결과를 빠르게 수집할 수 있다. AI를 활용해 '기후 변화의 과학적 증거'에 관한 자료를 정리하고, 이를 토대로 논리 구조를 수립한다.

실행 단계에서는 AI 기반 실시간 데이터 분석 도구를 활용해 토론 중 상대방의 주장에 대한 신뢰도와 관련된 데이터를 제공한다. 실시간 청중 반응 분석을 통해, 발표 중 어느 부분에서 객관적 근거가 부족한지 지적하고 보완할 수 있도록 한다. 피드백 단계에서는 발표 영상 및 텍스트를 기반으로 논리 전개와 데이터의 정확성을 평가해 개선 방향을 제시한다. 물론 아직은 토론 실행 중에 AI를 활용할 수 없도록 하는 경우가 많지만, 2024년에 있었던 미국의 대통령 선거 TV 토론에서 실제 실시간 팩트 체크가 이루어지고 그 결과가 반영되어 토론이 진행된 점을 참고하면, 앞으로 이루어질 공적인 토론에서 이와 같은 실시간 AI의 활용은 허용될 것이며 그 활용 범위는 현저히 확대될 것으로 본다.

가치 토론과 AI

가치 토론은 윤리, 도덕, 문화적 가치와 같은 주관적 요소를 바탕으로 진행되며, 감성적 요소와 인간적 공감대가 중요한 역할을 한다. 준비 단계에서 AI는 다양한 문화적 배경과 윤리적 관점을 반영한 사례 및 인용구를 제공해 토론 주제에 대한 다각적인 시각을 도출할 수 있다. 예를 들어, AI를 통해 '자유와 평등'에 관한 다양한 문화권의 시각을 수집하고, 이를 토대로 가치 기반의 주장을 구성한다. 그리고 실행 단계에서는 실시간 감정 분석 도구를 활용해 발표 중 청중과의 감성적 연결 정도를 평가하고, 감정적 어조를 조정할 수 있다. AI가 발표자의 음성 톤과 표정을 분석해 "더 부드러운 어조로 전달할 필요가 있습니다"라는 피드백을 제공해 줄 수도 있다. 피드백 단계에서 AI는 학생들의 발표에서 나타난 윤리적·감정적 요소를 분석하고, 보다 공감력 있는 발표를 위한 개선점을 도출하는 데 도움을 줄 수 있다.

정책 토론과 AI

정책 토론은 사회 문제와 관련된 정책 제안, 비용-편익 분석, 해결책 모색 등이 주요 초점이다. 준비 단계에서 AI 도구를 통해 정부 발표, 연구 보고서, 여론 조사 결과 등을 신속하게 수집하고 정리해 정책 제안의 근거 자료를 마련할 수 있다. AI를 활용해 최근 정부 정책 관련 보도 자료와 통계를 수집하고 분석한다. 실행 단계에서 AI는 토론 실행 중에 정책 제안에 대한 실시간 데이터(여론 조사 결과, 경제 지표 등)를 제공해 발표자가 정책의 타당성을 즉각적으로 보완할 수 있도록 지원한다. AI 기반 청중 반응 분석이 "이 부분에서 비용 효율성이 부족하다"라는 피드백을 제공해 토론자가 추가 근거를 제시할 수 있도록 한다. 피드백 단계에서 AI는 토론 후 정책 제안의 논리 전개, 데이터 활용, 그리고 제시된 해결책의 현실성을 평가해 토론 팀이 향후 전략을 수정할 수 있도록 상세한 리포트를 제공해 줄 수 있다(Lampou, 2023).

결국, AI와 토론의 융합은 토론의 효율성과 효과를 크게 향상시킬 수 있는 잠재력을 지니고 있다. 그러나 뒤에서 다루도록 하겠지만, AI 도구의 한계도 분명히 존재하는 만큼 이를 인식하고, 윤리적·문화적 고려를 통해 보완하는 노력이 병행되어야 할 것이다. 이러한 통합적 접근이 이루어진다면, 누구나 AI의 도움으로 글로벌 사회에서 경쟁력 있는 토론 능력을 갖추고, 다양한 시각과 전략을 구사할 수 있는 세상이라는 새로운 패러다임의 공동체가 우리의 미래가 될 것이다.

참고문헌

Choi, M. et al.(2019). Improving public speaking skills with AI: A comparative study. *International journal of speech technology*, 22(3), pp.255-269.

Google Cloud(2023). Speech-to-Text API documentation. https://cloud.google.com/speech-to-text/docs/speech-to-text-requests

Lampou, R.(2023). The integration of artificial intelligence in education: Opportunities and challenges. *Review of artificial intelligence in education*, 4, e15-e15.

OpenAI(2023). ChatGPT: Optimizing language models for dialogue. https://chatgpt.r4wand.eu.org/

Zimmerman, M.(2018). *Teaching AI: Exploring new frontiers for learning*. International Society for Technology in Education.

09
리더십 커뮤니케이션과 AI

AI는 사회 리더들의 퍼블릭 스피킹 능력을 제고하고, 개인 브랜딩을 강화할 수 있는 새로운 기회를 제공할 것이다. AI 기반 스피치 및 토론 분석과 청중 맞춤형 전략은 효과적인 메시지 전달을 돕고, 개인 브랜딩을 전략적으로 관리해 리더십 강화에 활용할 수 있다. AI 기술은 퍼블릭 스피킹이 필수적인 리더의 커뮤니케이션을 한층 업그레이드해 포용력 있고 설득력 있는 리더로 자리매김하는 데 도움을 줄 것이다.

AI와 화장품?

전통적 리더십 vs 새로운 리더십

리더십은 인류 역사에서 사회 변혁과 집단 결속의 원동력이 되어 왔다. 고대부터 현대에 이르기까지 위대한 지도자들은 자신만의 독특한 커뮤니케이션 방식을 통해 대중을 설득하고 영감을 불어넣었다. 20세기 중반, 강력한 카리스마와 직접적인 대면 소통이 주요 리더십 도구였다면, 오늘날에는 디지털 혁신과 AI 기술의 발전으로 인해 리더십 커뮤니케이션의 양상과 방식이 급격하게 변화하고 있다.

특히 제4차 산업 혁명 시대에 들어서면서 정보 기술과 빅 데이터, 인공지능이 사회 전반에 깊숙이 침투했고, 이에 따라 리더십의 역할도 단순한 연설 이상의 문제 해결과 미래 비전 제시, 그리고 다양한 이해관계자와의 소통으로 확장되었다. 더불어 ESG(환경, 사회, 지배 구조) 시대의 도래는 리더에게 경제적 성과뿐 아니라 사회적 책임과 지속 가능성을 동시에 고려하는 통합적 접근을 요구하고 있다(Odilov, 2024).

이 글에서는 먼저 과거 전통적 리더십 커뮤니케이션의 특징과 한계를 살펴보고, 제4차 산업 혁명과 디지털 시대에 등장한 새로운 리더십 양상을 분석한다. 이어서 AI 시대의 리더십 커뮤니케이션이 어떻게 변화하고 있는지, 구체적인 AI 도구와 사례를 통해 그 효과와 한계를 논의한다. 마지막으로 ESG 시대에 맞는 리더십의 새로운 패러다임과 향후 발전 방향을 전망해 본다.

과거 시대의 리더십 커뮤니케이션

과거의 리더십은 주로 강력한 카리스마, 인격, 그리고 대면 소통에 기반했다. 예를 들어, 윈스턴 처칠은 제2차 세계 대전 중 국민들에게 용기와 희망을 전달하기 위해 강렬한 연설을 했으며, 마틴 루터 킹 주니어는 "I Have a Dream" 연설을 통해 인종 차별 철폐와 인권 신장을 호소했다. 이들의 연설은 단순히 정보 전달에 그치지 않고, 청중과의 정서적 유대를 형성하며 강력한 집단 동기 부여 효과를 발휘했다.

전통적 리더십 커뮤니케이션은 대면 강연, 집회, 라디오나 TV 인터뷰 등 제한된 매체를 통해 이루어졌으며, 연설자의 말솜씨와 제스처, 눈빛, 목소리 톤 등이 중요한 역할을 했다. 이 과정에서 연설자는 개인의 경험과 직관, 그리고 도덕적 권위를 바탕으로 메시지를 전달했으며, 청중은 주로 지도자의 인격과 진정성에 의존해 신뢰를 형성했다.

하지만 전통적 리더십 커뮤니케이션은 몇 가지 한계

를 내포하고 있다. 첫째, 정보의 수집과 분석, 그리고 다양한 관점을 반영하는 데 시간이 많이 소요되었으며, 주관적인 판단에 의존하는 경우가 많았다. 둘째, 글로벌화와 다문화 사회가 확산되면서 단일 문화와 언어에 기반한 커뮤니케이션 방식은 다양한 청중의 요구를 모두 충족시키기 어려웠다. 이러한 한계는 새로운 기술의 등장과 함께 개선의 필요성이 대두되었으며, 결과적으로 디지털 혁신의 기반이 마련되었다(Cialdini, 2006).

제4차 산업 혁명 시대의 리더십 커뮤니케이션

제4차 산업 혁명은 인공지능, 빅 데이터, 클라우드 컴퓨팅, 사물 인터넷(IoT) 등 첨단 기술의 발전을 바탕으로 사회 전반에 혁신적인 변화를 가져왔다. 이 과정에서 리더십 커뮤니케이션도 전례 없는 속도로 디지털화되었으며, 정보의 실시간 전달과 데이터 기반 의사 결정이 가능해졌다. 디지털 미디어와 소셜 네트워크의 확산은 리더가 대중과 상호 작용할 수 있는 새로운 통로를 열어 주었으며, 이를 통해 리더는 전 세계의 다양한 청중에게 빠르게 메시지를 전달할 수 있게 되었다. 특히 온라인 스트리밍, 웹이나 SNS 플랫폼을 통해 실시간으로 소통하고 피드백을 수집하는 방식은 전통적 대면 강연의 한계를 극복하는 중요한 전환점이 되었다.

디지털 혁신과 리더십 커뮤니케이션의 변화

글로벌 IT 기업의 CEO는 분기별 전사 프레젠테이션에서 실시간 청중 분석 시스템을 도입해, 직원들의 반응 데이터를 즉각적으로 파악하고 이를 토대로 발표 내용을 유연하게 조정했다. 이로 인해 직원들의 참여도와 만족도가 크게 향상되었으며, 기업 이미지와 내부 커뮤니케이션의 투명성이 강화되었다.

정치 분야를 살펴보면, 오늘날 일부 국가의 정치 지도자들은 SNS와 온라인 미디어를 적극 활용해 국민들과 실시간 소통하고 있다. 선거 유세 중 라이브 스트리밍과 실시간 댓글 분석을 통해 유권자의 반응을 즉각적으로 파악하고 메시지를 보완하는 방식은 전통적 대면 연설 방식보다 더욱 빠르고 효과적인 소통을 가능하게 한다.

이러한 디지털 혁신은 리더십 커뮤니케이션의 투명성과 접근성을 높이고, 데이터 기반의 의사 결정을 가능하게 해 리더가 보다 신속하게 변화하는 사회적 요구에 대응할 수 있도록 지원한다(Kotler et al., 2016).

인공지능은 자연어 처리, 음성 인식, 감정 분석, 데이터 마이닝 등 다양한 기술을 바탕으로 리더십 커뮤니케이션의 여러 측면에서 혁신을 이끌고 있다. AI 도구는 리더가 연설문 작성, 실시간 피드백, 청중 반응 분석, 그리고 다국어 번역까지 다양한 영역에서 도움을 주며, 이를 통해 리더는 보다 체계적이고 효과적인 메시지 전달이 가능해진다.

리더가 연설문 초안을 작성할 때 다양한 아이디어와 논리적 구조를 인간 참모나 비서가 아닌 AI가 제시해 주고, 문법과 스타일 교정을 통해 텍스트의 품질을 완전에 이르도록 향상시켜 준다. 또한 AI 기반 스피치 코칭 도구는 연설자의 음성, 억양, 속도, 비언어적 표현 등을 분석해 실시간 피드백을 제공한다. 이를 통해 연설자는 자신의 발표 스타일을 개선하고, 청중에게 더욱 효과적으로 다가갈 수 있다. 청중의 표정, 음성 톤, 제스처 등도 분석해 리더가 발표 중 청중의 감정 변화를 실시간으로 파악하고 이에 맞게 메시지를 조정할 수 있을 정도다(Guday & Neelsen, 2023).

AI 기반 글로벌 소통과 다국어 지원

AI는 글로벌 환경에서 리더십 커뮤니케이션의 중요한 장벽인 언어 문제를 해결하는 데에도 큰 역할을 하고 있다. Google Translate, DeepL, Microsoft Azure Speech Translation 등은 실시간 번역 및 텍스트-음성 변환 기능을 제공해, 리더가 모국어로 연설하면서도 전 세계 청중과 효과적으로 소통할 수 있도록 지원하고 있다. 앞으로는 국제회의에 참가한 국가 지도자가 AI 기반 실시간 통역 시스템을 활용해 자신의 연설을 다양한 언어로 동시에 전달함으로써 전 세계 청중의 이해와 참여를 이끌어내는 모습을 자주 보게 될 것이다. 이러한 기술은 다국적 기업 회의, 외교 행사, 글로벌 컨퍼런스 등에서 점점 더 중요해질 것으로 전망된다.

ESG 시대의 리더십 커뮤니케이션

ESG가 전 세계 기업과 조직의 핵심 가치로 자리 잡으면서, 리더십 커뮤니케이션은 단순한 정보 전달을 넘어 지속 가능성과 사회적 책임을 강조하는 방향으로 전환되고 있다. 현대 사회에서 리더는 경제적 성과뿐 아니라 환경 보호와 사회적 공헌에 대한 명확한 비전을 제시해야 하며, 이를 통해 내부 구성원과 외부 이해관계자 모두에게 신뢰를 줄 수 있어야 한다.

AI는 ESG 관련 데이터를 신속하게 분석하고, 환경 및 사회적 영향을 평가하는 데 도움을 준다. 리더는 AI 도구를 활용해 자사의 ESG 성과를 실시간으로 모니터링하고, 이를 바탕으로 투명한 경영 전략을 수립할 수 있다. 기업의 CEO는 AI 기반 데이터 분석 도구를 활용해 자사의 환경 보호 활동과 사회적 책임 이행 결과를 실시간으로 집계하고 이를 공개 프레젠테이션에서 투명하게 공유할 수 있게 되었다. 물론 이에 대한 결과는 투자자와 소비자들 사이에서 기업의 신뢰도가 크게 향상되는 것으로 나타날 것이다(Odilov, 2024).

AI 시대 리더십 커뮤니케이션의 전개과 한계

AI는 객관적인 데이터를 기반으로 빠르고 정확한 피드백을 제공하지만, 지나친 의존은 리더의 인간적 감성과 즉흥적 소통 능력을 약화시킬 위험이 있다. 실제 사례에서 일부 리더는 AI 피드백에만 의존한 결과 청중과의 감정적 교감이나 창의적 대처에서 한계를 보인 경우가 보고되었다. 따라서 리더는 AI의 분석 결과를 보조 도구로 활용하되 인간적인 판단과 경험을 결합하는 균형 잡힌 접근이 필수적이다.

다시 언급하지만, AI 모델은 학습 데이터에 기반해 작동하기 때문에 데이터 편향 문제가 존재할 경우에 일부 청중이나 문화권에 대해 부정확한 피드백을 제공할 수 있다. 또한, AI가 수집하는 음성, 영상, 텍스트 데이터 등은 민감한 개인 정보를 포함할 수 있으며, 이에 따른 프라이버시 침해와 윤리적 문제가 제기될 수 있음에 항상 유의해야 한다. 최근에 출시된 AI는 일부 국가, 즉 미국이나 중국 등 특정 국가 중심의 데이터 세트로 학습된 AI 시스템일 가능성이 높다. 실제로 특정 사안에 관해서 일부 문화권의 발표 스타일을 부정확하게 평가한 사례가 나타나고 있다는 보도가 있는데, 이는 리더십 커뮤니케이션의 공정성을 저해하는 요인으로 작용할 수 있다.

아울러 실시간 데이터 처리와 피드백 시스템은 여전히 몇몇 기술적 한계를 지니고 있다. 대규모 온라인 회의나 국제 행사에서 AI 시스템이 청중 반응을 즉각적으로 분석하지 못하거나, 네트워크 지연 등으로 인해 피드백이 지연될 경우 리더의 의사소통 전략에 혼선이 빚어질 수 있으므로 이에 대한 사전 대비가 필요하다(Mayer-Schonberger & Cukier, 2013).

AI와의 협업을 통한 리더십 혁신

미래의 리더십 커뮤니케이션은 AI와 인간의 협업을 통해 진화할 것이다. AI는 객관적 데이터와 신속한 피드백을 제공하는 보조 도구로서 기능하며, 인간 리더는 이를 바탕으로 감성적 소통, 문화적 맥락 반영, 그리고 창의적 문제 해결 능력을 강화할 것이다. AI와 VR/AR 기술의 결합으로 실제와 유사한 연습 환경을 제공하는 시스템이 도입될 것이다. 맞춤형 피드백 시스템이 발전해 리더 개인의 강점과 약점을 정밀하게 파악하고 개선할 수 있게 될 것이다. 또한 AI 기반 실시간 번역 및 음성 합성 기술이 더욱 발전함에 따라, 리더는 다국적·다문화 환경에서 효과적으로 소통할 수 있을 것이다. 언어의 장벽이 사라지면서 전 세계 청중에게 동일한 메시지를 전달하고, 다양한 문화적 배경을 고려한 커뮤니케이션 전략이 수립될 전망이다.

AI의 급속한 발전에 따라 윤리적 문제와 데이터 편향 문제가 지속적으로 대두되고 있다. 이에 따라 정부, 산업계, 학계가 협력해 AI 활용에 관한 윤리적 가이드라인과 법적 규제를 마련하고, 투명한 데이터 관리 및 알고리즘 검증 절차를 도입하는 노력이 지속적으로 이루어져야 할 것이다.

참고문헌

Brynjolfsson, E. & McAfee, A.(2014). *The second machine age: Work, progress, and prosperity in a time of brilliant technologies.* W. W. Norton & Company.

Cialdini, R.(2006). *Influence: The psychology of persuasion.* Harper Business.

Gallo, C.(2018). *Five stars: The communication secrets to get from good to great.* St. Martin's Press.

Guday, D. & Neelsen, M.(2023). Artificial intelligence: New benchmarks for successful corporate communications. https://ibmix.de/en/blog/ai-corporate-communications

Kotler, P. et al.(2016). *Marketing 4.0: Moving from traditional to digital.* Wiley.

Mayer-Schonberger, V. & Cukier, K.(2013). *Big data: A revolution that will transform how we live, work, and think.* Mariner Books.

Odilov, S.(2024). AI leadership: Why AI Is every leader's responsibility. Forbes. https://www.forbes.com/sites/sherzododilov/2024/07/14/ai-leadership-why-ai-is-every-leaders-responsibility/

VirtualSpeech(2022). How AI and VR enhance public speaking and leadership skills. VirtualSpeech Insights. http://uk.linkedin.com/company/virtualspeech

10
미래의 퍼블릭 스피킹

AI는 퍼블릭 스피킹의 본질적 변화를 가져오고 있지만, 그 결과는 말하기 차원에서만 머물지 않을 것이다. 인류가 처음 접하는 생성형 AI의 여파는 그동안 소외되거나 묻혀 왔던 우리 사회 현실의 이야기들이 다양하게 혹은 새롭게 공론의 장으로 손쉽게 데뷔할 수 있는 길을 열게 함으로써 민주 사회 공동체의 힘과 역량을 강화하는 사회적 결실로 나타나게 될 것이다.

종교와 AI?

퍼블릭 스피킹의 진화

퍼블릭 스피킹은 인간의 역사와 함께 발전해 온 가장 중요한 커뮤니케이션 기술 중 하나다. 고대의 연설가는 대규모 청중 앞에서 자신의 사상을 전하고 설득하기 위해 정교한 레토릭과 목소리의 힘에 의존했다. 반면, 오늘날의 연사는 디지털 플랫폼과 멀티미디어 도구를 활용해 청중과 상호 작용하고 있다. 그러나 AI의 발전은 단순한 기술적 도구를 넘어 퍼블릭 스피킹의 본질 자체를 재구성할 가능성을 열어 주고 있다(Brynjolfsson & McAfee, 2023). 미래에는 AI와 퍼블릭 스피킹의 결합을 통해 우리가 발표를 준비하고, 전달하고, 청중과 소통하는 방식이 극적으로 변화할 것이다.

즉각적이고 개인화된 상호 작용

전통적으로 연설자는 청중의 반응을 직관적으로 읽어내고, 실시간으로 톤이나 메시지를 조정해 왔다. 그러나 AI는 청중의 표정, 시선, 몸짓 등을 분석해 그들의 감정 상태를 실시간으로 피드백할 수 있다. 미래의 연사는 이러한 데이터를 바탕으로 보다 정교한 상호 작용을 실행할 수도 있다. 예를 들어, AI는 청중이 관심을 집중하는 순간과 멍해지는 순간을 감지할 수 있고, 특정 메시지에 대한 긍정적 혹은 부정적 반응을 분석할 수 있으며, 개별 청중의 선호 주제와 기대를 반영한 맞춤형 내용을 추천해 줄 수 있다. VR과 AR 기술을 통해 연사가 가상으로 청중과 소통하며 이러한 데이터를 활용하는 환경도 가능해질 것이다. 이는 연사가 불특정 다수의 글로벌 청중과 상호 작용을 심화하는 데 크게 기여할 것이다(Lorica, 2024).

지능형 대화 파트너로의 발전

AI는 단순히 데이터 분석을 넘어 연사의 연설 능력을 보완하고 강화하는 도우미 역할을 수행할 것이다. 예를 들어, AI 기반 연설 도구는 연설 준비 과정에서 다음과 같은 작업을 지원할 수 있다. 즉, 연설자가 특정 주제에 대한 설명이 부족할 때 AI가 실시간 문장 생성해 대안을 제시해 줄 수 있다. 또한 연설 중 질문이나 비판에 직면했을 때, AI가 관련 통계와 자료를 즉시 찾아 제공해 줄 수도 있다. 아울러 AI가 청중의 이해 수준에 맞게 전문 용어를 쉬운 언어로 변환해 제시함으로써 복잡한 개념을 단순화해 설명할 수 있도록 도울 수 있다. 또한 현재의 AI는 글말이라는 텍스트에 익숙해져 있으나, 점차 기술의 발전이 이루어지면서 보편적인 글말을 특정 연사의 입말로 바꿔 주는 차원으로 발전할 것이다. 또한 지금 이 순간에도 급속하게 발전하고 있는 음성 인식 AI는 다국적 청중을 대상으로 즉석 통역을 제공함으로써 언어의 장벽을 완전히 허물게 될 것이다. 이는 외국어 구사 능력이나 문법적 지식이 전혀 문제가 되지 않는, 누구나 글로벌 커뮤니케이터가 되는 세상이 가능해질 것이다. 퍼블릭 스피킹 분야 역시 누구나 다양한 청중과 소통하고 직접 설득할 수 있는 기회를 제공받게 될 것이다(Pennock, 2024).

인간적인 연결 고리 강화

AI는 이미 텍스트 생성과 스토리 구성에 뛰어난 성능을 발휘하고 있다. 미래의 퍼블릭 스피킹에서도 AI는 연설자가 청중과 감정적으로 연결되도록 돕는 중요한 역할을 할 것이다. 특히 AI는 청중의 데이터(문화, 관심사, 연령대 등)를 바탕으로 개인 맞춤형 스토리 제작은 물론이고 각기 다른 청중 그룹에 맞춘 스토리를 자동 생성할 수 있다. 글로벌 시대에는 문화적 맥락과 가치를 반영한 연설이 필수적이다. AI는 각 문화권의 특성을 고려해 논점과 사례를 조정함으로써 청중의 공감을 유도할 것이다. 예를 들어, 동양인을 향한 퍼블릭 스피킹에서는 전체론적 세계관을 반영하고, 서양인을 대상으로 한 퍼블릭 스피킹에서는 개체론적 세계관을 반영하는 등의 섬세한 영역까지 고려할 수 있게 될 것이다.

아울러 VR과 AI의 결합은 청중에게 단순히 말을 듣는 걸 넘어 연사의 이야기 속으로 몰입할 기회를 제공한다. 연사가 환경을 묘사하면 AI가 시각적 요소를 즉석으로 생성해 화면에 투영하거나 가상 현실에서 구현함으로써 스토리텔링의 몰입을 극대화할 수 있을 것이다. 이와 같은 AI 기반 기술은 단순히 정보를 전달하는 것을 넘어 연설이 청중의 감정을 자극하고 오래 기억되는 경험으로 남도록 하는 데 커다란 역할을 할 것이다(VirtualSpeech, 2022).

퍼블릭 스피킹의 민주화와 새로운 도전

AI 기술은 접근성을 향상시켜 퍼블릭 스피킹의 문턱을 낮출 가능성이 크다. 연설문 작성, 목소리 훈련, 청중 분석 등에서 AI의 도움을 받으면 누구나 연설자로 성장할 수 있다. 우선은 소규모 기업의 리더나 지역 사회의 활동가처럼 전문 교육을 받기 어려운 사람들에게 AI는 강력한 도구로 작용할 것이다. 그리고 그와 같은 활용의 확장은 전 사회적으로 빠르게 전개될 것이다. 이와 같은 흐름

속에서 AI 시대 퍼블릭 스피킹에 대해서 궁극적으로 필자가 가지는 기대감은 이보다 더 높은 곳에 있다.

즉, 사람들은 모두가 각자의 인생을 살아간다. 각자가 자기 인생의 유일한 주인공이다. 그러므로 이 시대를 살아가는 우리는 모두 자기 인생에 대해서 말할 수 있는 고유한 스토리텔러이자 자신의 삶에 관한 한 유일한 전문가다. 이와 같은 전제에서는 그 누구도 예외가 있을 수 없다. 특별히 퍼블릭 스피킹 교육을 받지 않았어도 AI의 도움을 받아서 모든 사람이 소외됨 없이 자신만의 경험과 진정성이 담긴 이야기를 당당히 공표할 수 있는 세상을 상상해 보라. 그동안 퍼블릭 스피킹은 성공한 사람이나 일부 특별한 사람에게 부여되는 소수의 행위로 인식되었고 대부분 자신과는 상관없는 일이기에 어쩌면 퍼블릭 스피킹은 남의 이야기일 뿐이었다. 그런데 이제 세상 모든 이들 누구나가 실행 가능한 공적 말하기 시대가 열릴 수 있게 된 것이다. 우리 모두에게 자신의 삶을 당당하게 공적으로 표현할 수 있는 새로운 도전의 시대가 열린 것이다. AI 시대 퍼블릭 스피킹은 단지 인류가 개발한 기술의 발전에 따라 공적 말하기가 새롭게 변화되는 차원에만 머물지 않을 것이다. 생성형 AI의 여파는 생각보다 엄청날 것이다. AI는 그동안 소외되거나 묻혀 왔던 우리 사회 현실의 이야기들이 다양하게 혹은 새롭게 공론의 장으로 손쉽게 데뷔할 수 있는 길을 열 것이다. 그리고 그것은 곧 삶의 주체인 우리 각자가 민주 사회 공동체를 이끄는 주체임을 자각하게 할 것이고 그것은 다시 우리 공동체의 힘과 역량을 강화하는 결실로 나타나게 될 것이다.

참고문헌

Brynjolfsson, E. & McAfee, A.(2023). The business of artificial intelligence. *Harvard business review*, 7(1), 1-2.

Gallo, C.(2014). *Talk like TED: The 9 public-speaking secrets of the world's top minds*. St. Martin's Griffin.

Kalogiannidis, S. et al.(2024). The integration of artificial intelligence in business communication channels: Opportunities and challenges. *WSEAS Transactions on business and economics*, 21, pp.1922-1944.

Lorica, B.(2024). Speaking the future: Generative AI speech-to-speech systems and their applications. Datanami. https://www.bigdatawire.com/2024/07/29/speaking-the-future-generative-ai-speech-to-speech-systems-and-their-applications/

Pennock, S.(2024). Transform your delivery: NLP techniques for dynamic public speaking. Quenza. https://quenza.com/blog/nlp-techniques-for-public-speaking/

VirtualSpeech(2022). Integrating AI and VR into modern public

speaking practices. VirtualSpeech Research Insights.
http://uk.linkedin.com/company/virtualspeech

우상수

성균관대학교 초빙교수다. 학부대학에서 커뮤니케이션 영역 퍼블릭 스피킹 교과목을 담당하고 있다. 2023년 최우수 교수자에게 수여하는 SKKU Teaching Award를 수상했다. 독일언어학 전공으로 출발해 공적 말하기와 인터뷰, 의료 커뮤니케이션, 언어정책, 재구성 연구방법론 등의 분야로 강의 및 연구 영역을 넓히고 있다. 『AI 스.토.리.』(2025, 공저), 『환자를 위하는 의사의 대화법』(2015) 등의 저서를 비롯해 『진문가 인터뷰와 질적 내용분석』(2012, 공역), 『중병진단 통보대화』(2009), 『의사와 환자의 대화』(2008) 등 역서와 "유럽 통합과정에서 나타난 독일의 대외언어정책과 그 비판" 등 논문이 있다.